FACULTÉ DE DROIT DE L'UNIVERSITÉ DE PARIS

TAXES DE TONNAGE

ET

DROITS DE QUAI

POUR LE DOCTORAT

ACTE PUBLIC SUR LES MATIÈRES CI-APRÈS

présenté et soutenu le Jeudi 29 mars 1900 à 1 heure.

PAR

GEORGES BRAULT

Rédacteur au Ministère des Finances
(Direction Générale des Douanes)

Président :   M. BERTHÉLEMY, *professeur.*
Suffragants : MM. THALLER, *professeur.*
             SOUCHON, *professeur.*

PARIS

LIBRAIRIE DE LA SOCIÉTÉ DU RECUEIL GÉNÉRAL DES LOIS ET DES ARRÊTS
ET DU JOURNAL DU PALAIS
Ancienne Maison L. LAROSE et FORCEL
22, rue Soufflot, 22

L. LAROSE, Directeur de la Librairie

1900

THÈSE

POUR

LE DOCTORAT

FACULTÉ DE DROIT DE L'UNIVERSITÉ DE PARIS

TAXES DE TONNAGE

ET

DROITS DE QUAI

THÈSE POUR LE DOCTORAT

L'ACTE PUBLIC SUR LES MATIÈRES CI-APRÈS

Sera présenté et soutenu le Jeudi 29 mars 1900 à 1 heure.

PAR

GEORGES BRAULT

Rédacteur au Ministère des Finances
(Direction Générale des Douanes)

Président : M. BERTHÉLEMY, *professeur.*
Suffragants { MM. THALLER, *professeur.*
               { SOUCHON, *professeur.*

PARIS

LIBRAIRIE DE LA SOCIÉTE DU RECUEIL GÉNÉRAL DES LOIS ET DES ARRÊTS
ET DU JOURNAL DU PALAIS
Ancienne Maison L. LAROSE et FORCEL
22, rue Soufflot, 22
L. LAROSE, Directeur de la Librairie

1900

TAXES DE TONNAGE

ET

DROITS DE QUAI

CHAPITRE PREMIER

ORIGINE ET NATURE DES TAXES DE TONNAGE ET DES DROITS
DE QUAI

Notions sommaires sur l'origine de l'impôt et des taxes de péage. — Les
droits de péage dans l'ancienne France. — Efforts du pouvoir royal pour
arracher aux seigneurs locaux le droit de les percevoir à leur profit.
Taxes pesant sur la navigation maritime. — Droits d'*abord* imposés aux navires étrangers. Leur caractère économique. — Relation entre les taxes de
tonnage et le protectionnisme.
Droits de quai. — Différences qu'ils présentent avec les taxes de tonnage dans
leur but et dans leur application.
Taxes perçues en raison des services rendus. — Le demi-droit de tonnage et
les taxes locales.

Aucune société ne peut subsister sans que la contribution de ses membres lui en fournisse les moyens;
c'est à cette nécessité de premier ordre que répond

l'institution de l'impôt. Le caractère de sacrifice commandé en vue de l'intérêt général, s'y retrouve toujours, même lorsque les progrès de l'humanité, en multipliant les besoins de l'être social, ont fait naître l'ingénieuse diversité des moyens employés à se procurer les ressources nécessaires. A l'origine, alors que dans la conception des hommes, la notion d'Etat se confond avec le respect dû au chef, l'obligation de payer l'impôt s'identifie chez celui qui y satisfait avec le souci de sa propre conservation, et ce qu'il consacre en personne à la défense ou à l'amélioration du sol auquel il demeure attaché, lui semble moins un service rendu à l'être moral constituant l'Etat, qu'à la personne du chef qu'il s'est choisi ou qui s'est imposé à lui par la force. Mais plus tard le progrès continu de l'organisation sociale, augmente les devoirs des individus envers l'Etat, alors que le soin de leurs intérêts particuliers les engage à consacrer de moins en moins leur temps à l'intérêt collectif. L'appel de la personne elle-même devient, en conséquence, plus rare, et cependant, l'obligation de coopérer aux charges ne subsistant pas moins, l'Etat est amené à obtenir de contributions en nature d'abord, puis de contributions pécuniaires, l'équivalence de ce que lui a fait perdre l'émancipation progressive de l'individu.

Il est naturel qu'aux organisations sociales peu complexes, répondent des impôts facilement perçus. Aussi lorsqu'au service personnel se substitue, ou plutôt se

superpose la contribution en argent, voyons-nous l'Etat
tirer ses ressources des actes de la vie qu'il lui est
le plus aisé de connaître. En première ligne, se place
dans cet ordre d'idées, l'existence même des citoyens
d'où l'on fera découler la capitation, puis les actes de
l'homme d'un contrôle facile, comme l'entrée et la
sortie d'un lieu déterminé, et ce sera l'origine des
péages. Nous pouvons donc définir ces derniers, le
prix prélevé par la société pour l'usage de choses publiques déterminées, que chacun emprunte selon son propre avantage ou dans l'intérêt commun.

Sans poursuivre l'évolution historique des péages
que l'on retrouve dans l'antiquité chez les peuples barbares aussi bien qu'en Grèce et à Rome, il convient
d'esquisser rapidement les phases par lesquelles ils sont
passés dans notre pays, puisque, de leur transformation, sont nés les taxes de tonnage et par suite les
droits de quai, objets de cette étude.

Lorsque les Barbares s'établirent en Gaule, sur les
ruines de la domination latine, ils y apportèrent leur
notion propre de l'Etat identifié avec la personne royale,
et conservèrent les institutions établies par les Ro-
mains, en les pliant à leur propre génie. C'est ainsi
que les rois Francs, maîtres de tout le pays, se
purent approprier les recettes du fisc, puis les abandonner ensuite à leurs fonctionnaires. Ils instituèrent,
de plus, le privilège de l'immunité, qui conférait à
l'immuniste non-seulement l'exemption de l'impôt,

mais lui permettait même de le percevoir pour son
compte : de propriété royale, l'impôt se trouve par là
transformé en propriété privée. L'usage des choses
publiques que le Mérovingien a déjà trouvé taxé, est
frappé de redevances de plus en plus lourdes et une
foule d'impôts divers vient peser sur la circulation. Le
passage sur les chemins, l'usage des ponts, l'entrée
des villes, l'accostage aux quais des ports (*pontaticus,
portaticus*), la navigation (*navalis evectio*), la circulation sur les chemins de hâlage, deviennent l'objet de
droits d'autant plus multipliés que le dessaisissement
royal a été consenti à de plus nombreux immunistes.
Dès le vıı⁰ siècle, les abus sont tellement flagrants
que l'édit de 615 pour les réprimer, leur impose pour
règle la coutume « que le tonlieu (*péage*) soit exigé
dans les mêmes endroits et sur les mêmes objets que
du temps des princes précédents » dit Clotaire II (1).
Les édits royaux à ce sujet se font plus nombreux, et
un capitulaire de 779 les proscrit de nouveau partout
où ils ne reposent pas sur un usage ancien (2). Aussi,
lorsque le régime féodal s'établit à la place des institutions des deux premières races, ces péages sont à la fois
si variés et si arbitrairement perçus, que l'idée de service

1. *Edictum Clotarii II*, art. 9. « *De Teloneo ut per ea loca debeat
exigi.* » (Baluze I, p. 22). Clamageran, *Histoire de l'Impôt en France*,
I, p. 161.

2. *Capitulaire*, art. 18. Baluze I, p. 175. Clamageran. *Op. cit.*
p. 162.

sur laquelle ils se fondaient à l'origine, n'est plus qu'un prétexte déguisant mal l'âpre désir d'indépendance qui tourmente les seigneurs locaux, qu'une conséquence du besoin d'isolement éprouvé par les populations. « Ce n'est plus, dit M. Clamageran, qu'une forme nouvelle du pillage, le pillage régulièrement organisé. » Mais à partir des Capétiens, la politique royale tend à reprendre pied à pied aux seigneurs les biens et les privilèges qu'ils avaient arrachés à la faiblesse des derniers Carolingiens : alors réapparaît la notion du domaine royal que la violence des convoitises seigneuriales avait presque entièrement effacée. Les péages subsistèrent, il est vrai, et les abus qu'ils avaient fait naître ne disparurent point tout d'un coup; cependant, l'action de la royauté se faisant plus efficacement sentir, c'est en son nom et pour son compte qu'ils seront dorénavant recouvrés.

Cette action du pouvoir central va amener de graves conséquences au point de vue des taxes qui nous occupent : désormais, tout en conservant leur caractère de contribution aux charges sociales, certains impôts seront liés au système économique du pays. L'ère des grandes luttes féodales est close, la politique rusée de Louis XI a réduit au silence les turbulents feudataires dont les factions rivales déchiraient le royaume ; les découvertes des Espagnols et des Portugais ont ouvert un champ nouveau à l'activité économique et l'exemple de l'Espagne, enrichie par ses lointaines colonies a

tourné les nations d'Europe vers la conquête des nouveaux continents, abondants en or, et partant, sources
de la richesse. Les combinaisons de la politique ne
sont plus seules à armer les peuples les uns contre les
autres, le souci de la prospérité devient aussi une cause
de guerres, puisque l'on ne conçoit plus la suprématie
d'un pays que par l'abaissement de tous ses rivaux. Les
efforts de la politique tendent d'abord à attirer le plus
d'or possible dans le royaume et à n'en point laisser
sortir, parce que la possession de l'or est confondue
avec la richesse elle-même. Plus tard, lorsque le métal
précieux sera moins recherché, l'effort économique con-
sistera à obtenir un excédent d'exportations par rapport aux importations, de manière à ce que tout compte
fait, l'Etat achète moins à l'étranger qu'il ne lui vende.
Ces deux systèmes, qui constituent ce que l'on a appelé
le *mercantilisme*, ont naturellement fait naître une
politique nettement protectionniste, à laquelle va concourir, dans une certaine mesure, notre système fiscal.

Les faveurs se portent vers la navigation, les encouragements de toute sorte sont prodigués à cet agent de
notre expansion : c'est tendre vers l'idéal que l'on s'est
proposé, que de lui assurer la plus large part dans le
transport des marchandises, que de réduire le plus
possible la part du pavillon étranger dans notre trafic :
de ces principes s'inspire avec une remarquable conti-
nuité de vues toute notre politique économique pendant
près de trois siècles.

Le droit qui frappe les navires en raison de leur *abord* n'est plus considéré comme la rémunération d'un service ; il devient une charge imposée au pavillon étranger pour l'écarter d'un pays qui veut avant tout vivre de ses propres ressources. D'ailleurs, les autres nations nous ont ouvert cette voie et le droit d'*un écu par tonneau de mer* créé par Henri IV en 1600, n'a pour but que de nous relever de l'état d'infériorité où se trouvent nos bâtiments vis-à-vis de l'étranger qui les frappe de droits élevés d'*ancrage* (1). Fouquet reprit en 1659, cette taxe sur les vaisseaux étrangers « pour rétablir notre navigation par cet avantage » (2) et Colbert s'appliqua avec opiniâtreté à maintenir ce droit malgré, ou plutôt à cause des protestations mêmes de nos rivaux. Le 9 novembre 1661 il écrit à Jean de Witt, Grand Pensionnaire de Hollande « qu'il ne fallait pas « faire trop d'attention à ces beaux raisonnements [aux

---

1. *Encyclopédie méthodique. Finances.* — « L'origine du droit de fret est due à la réflexion et au jugement du bon roi Henri IV, qui voyait avec peine que les souverains étrangers avaient mis, sur les navires français fréquentant leurs ports, des droits d'ancrage assez considérables ». Art. : Fret. Ed. 1785, p. 296.

2. « Je ne dois cependant pas oublier les obligations que le commerce eut à M. Fouquet, le seul ministre de son temps qui y pensât essentiellement. ...Il établit aussi le droit de fret de cinquante sols par tonneau sur les vaisseaux étrangers, afin de rétablir notre navigation par cet avantage. Il eût été à souhaiter que cette belle opération n'eût reçu d'atteinte en aucun temps ». *Recherches et considérations sur les Finances de la France.* Ed. 1738, p. 269-270 (Veron de Forbonnais).

« protestations des Provinces-Unies et aux représailles
« dont elles nous menaçaient] par le motif que l'inten-
« tion du Roi étant d'engager ses sujets à se livrer à la
« navigation, l'impôt établi sur les bâtiments étran-
« gers y contribuerait fortement, qu'il convenait d'ail-
« leurs d'attendre quelque temps pour savoir si le droit
« de tonnage causerait au commerce et à la navigation
« des Hollandais tout le préjudice dont se plaignaient
« d'avance les commissaires des Etats, qu'en tout état
« de cause on devait laisser au Roi la faculté de faire
« l'essai d'un projet ne tendant à rien moins qu'à réta-
« blir la navigation ruinée dans son Royaume, et enfin
« que dans leurs règlements concernant le commerce,
« les Provinces-Unies ne consultant que leur intérêt
« sans se soucier de celui des autres, il était naturel
« que le Roi de France eût une égale liberté ». Ce caractère de protection subsista toujours malgré les nombreux traités qui modifièrent la quotité du droit, tant
sous l'Ancien Régime que de la Restauration à la loi
du 19 mai 1866. Il convient certes de reconnaître qu'à
partir de la Révolution, le droit de tonnage atteignit
avec les navires étrangers le pavillon français lui-même
dans une certaine mesure ; mais la modicité des tarifs
qui lui étaient réservés et le privilège exclusif de pouvoir se livrer à la navigation de cabotage compen-
saient largement les sacrifices imposés par la législation nouvelle.

Si nous avons insisté sur le caractère économique des

droits de tonnage, c'est en raison de la place qu'ils ont si longtemps tenue dans notre législation, mais en somme, depuis qu'on a renoncé à les percevoir, ils ne présentent plus qu'un intérêt historique. Il n'en va pas de même des *droits de quai*, qui leur ont succédé. Dans l'esprit du législateur, ces derniers se rattachent étroitement aux taxes de tonnage ; pourtant leur but n'est point de faire à notre pavillon une situation plus favorable qu'aux navires étrangers, et, bien que créés à l'époque où nous revînmes au protectionnisme, ils ne se réfèrent en rien à une idée de protection. Les droits de quai n'ont été et ne sont restés qu'une taxe fiscale, établie en 1872 dans le but de procurer des ressources au budget. « La nécessité de pourvoir à l'acquittement des
« charges si considérables que les malheurs de notre
« pays ont créées pour nos finances, a imposé au Gou-
« vernement et à votre Commission du budget le devoir
« d'étudier les impôts déjà éprouvés, ceux dont la per-
« ception est facile. Aujourd'hui nous venons vous pro-
« poser, d'accord avec le Gouvernement, d'imposer à la
« navigation marchande, en les modérant, les droits
« de tonnage qu'elle acquittait avant la loi du 19 mai
« 1866 » (1). Dans la discussion même du projet de loi, M. de Rémusat, ministre des Affaires Étrangères, rappelle que le Gouvernement, en proposant de rétablir les droits de tonnage, n'avait point entendu se pronon-

1. M. Ancel, rapporteur à la Commission du Budget, du projet de loi relatif à des impôts nouveaux (séance du 18 septembre 1871).

cer pour le système soit du libre-échange, soit de la protection : il avait été exclusivement guidé par le désir de se créer des ressources pour supporter les énormes charges pesant sur nous. A son tour enfin, le Ministre des Finances, M. Pouyer-Quertier, définit ainsi les droits proposés. « Les droits de quai sont une simple taxe fis-« cale qui atteint aussi bien le navire français que « le navire étranger : elle produira cinq à six millions « de francs » (1).

La question posée en termes si catégoriques ne permet donc d'élever aucun doute. Les modifications apportées plus tard à la loi initiale, les remaniements qu'elle subit avant d'aboutir à la réforme du 23 décembre 1897, n'ont rien changé au caractère de ces droits.

En résumé, les taxes perçues dans notre pays en raison de l'accès des navires, furent pendant plus de deux siècles une conséquence de notre politique très résolument protectionniste ; disparues lors de l'essai de libre-échange commencé en 1860 et trop brusquement interrompu par la fatale guerre de 1870, pour qu'on puisse juger des résultats qu'il eût amenés, mais qui, par la loi du 19 mai 1866, marqua le point de départ de la décadence de notre marine marchande, elles furent remises en vigueur en même temps que se renoua la tradition protectionniste. Cependant elles ne se lient en rien à ce retour aux anciens systèmes de politique douanière.

1. Séance de l'Ass. nat. du 24 janvier 1872, *Journal officiel* du 25 janvier 1872.

Destinées en principe à contribuer au relèvement finan-
cier d'un pays écrasé par les charges d'une guerre
funeste, elles se sont maintenues parce que leur perception facile et leur productivité certaine n'ont point
encore permis d'en tenter l'abandon. Dans tous les cas,
nous nous refusons à les considérer avec certains
auteurs, comme le prix de services rendus. C'est là le
propre des péages en général dont elles procèdent et
qui, à la vérité, n'ont point été abandonnés en matière
d'*abord* des navires. Ces péages spéciaux, réglementés
en notre siècle par la loi du 14 floréal an X (4 mai 1802)
établissant le *demi-droit de tonnage*, maintenu dans la
loi de 1866 sur la Marine marchande (art. 4) sont régis
actuellement par l'article 11 de la loi du 30 janvier 1893.
C'est là une matière juxtaposée à la législation sur les
droits de tonnage, puis à celle sur les droits de quai,
mais ne se confondant en rien avec ces derniers.

CHAPITRE II

LES DROITS DE TONNAGE SOUS L'ANCIEN RÉGIME

La nature des droits de tonnage et de quai étant établie, nous allons étudier le développement historique de cette institution comme impôt perçu au profit de l'Etat. C'est avec le xviie siècle que nous la voyons naître et prendre de l'extension. A cette époque, nos navires devaient payer à l'étranger des droits *d'ancrage* assez considérables établis par les souverains. En France, au contraire, on avait si bien négligé d'user de semblables procédés, que les navires étrangers étaient employés préférablement aux nôtres même pour la navigation de cabotage qui ne devait être réservée qu'en 1793 (Acte de navigation du 21 septembre 1793, art. 4).

Henri IV voulut porter remède à un état de choses si préjudiciable à notre pavillon. En 1600, contre l'avis de Sully, et malgré les oppositions du Parlement, il ordonna d'exiger des vaisseaux étrangers arrivant dans nos ports, des droits identiques à ceux qu'on imposait hors de France, à nos propres navires. La perception de cette taxe de réciprocité fut assez mal assurée et elle était pour ainsi dire tombée en désuétude lorsque, peu de temps avant sa chute, le surintendant Fouquet la remit en vigueur sur des bases nouvelles. Il conçut le dessein d'affranchir notre marine du tribut qu'elle payait à l'étranger et notamment à la Hollande, dans l'industrie des transports maritimes. En dépit des résistances qu'il rencontra de la part des représentants étrangers dans nos ports, particulièrement en Bretagne et en Guyenne, il fit établir le 20 juin 1659, un droit de 50 sols par tonneau sur tous navires étrangers abordant dans nos ports pour s'y livrer à l'importation ou au cabotage. Ce droit frappait exclusivement les navires étrangers suivant la contenance déterminée par leur jauge à morte-charge ; il ne touchait point ceux de ces bâtiments qui, venus à vide, repartaient de même ou qui n'avaient point modifié leur chargement dans nos ports. En principe, il n'était exigible qu'une seule fois par voyage ; cependant, on en vint à le recupérer autant de fois que le navire étranger avait fait d'opérations commerciales dans des ports différents.

Les Hollandais élevèrent les protestations les plus

vives contre ce *droit de tonneau*, et leur ambassadeur.
Boreel, nous pressa vivement de le supprimer. Il
insista surtout sur les taxes qu'allait établir son pays
par représailles, mais toutes ses raisons se brisèrent
contre la volonté de Colbert, qui venait de remplacer
Fouquet aux affaires, et était fermement résolu à maintenir en ce point l'œuvre de ce dernier. Boreel prétendait avec exagération que ce droit portait un coup mor-
tel au commerce et à la navigation des Provinces-Unies,
et il s'étonnait assez naïvement de le voir conservé.
« Ce malheureux droit de tonneau, écrit-il à son Gou-
« vernement le 18 mai 1663, est de l'invention d'un
« homme dont on condamne presque toutes les actions,
« mais il paraît que celle-ci est profitable, c'est pour-
« quoi on la maintient ».

Cependant, dès 1652, les Hollandais avaient obtenu
des concessions importantes (Traité de Paris, 27 avril
1652). Il fut convenu que le droit ne serait exigé de
leurs navires qu'une seule fois par voyage, et seulement
à la sortie des ports ; de plus, il fut réduit de moitié
pour les navires qui emportaient de France un chargement de sel ; par contre, la Hollande s'engageait à ne
pas grever, dans ses ports, nos navires de contributions plus élevées que celles que nous demandions à
ses propres bâtiments.

L'Angleterre joignait ses plaintes à celles des Provinces-Unies. Et pourtant, non seulement, l'Acte de
Navigation de 1651 avait interdit le transport en An-

gleterre de marchandises sous pavillon tiers, mais encore un droit exorbitant de 3 livres 10 sols par tonneau, frappait à leur entrée ceux de nos navires qui exportaient les productions de la France. Toutefois, en 1671, elle se déclara prête à entamer des négociations en vue de conclure un traité de commerce sous conditions que nous renoncions notamment à prélever le droit de tonneau sur les bâtiments anglais. Colbert attachait un tel prix à cette taxe, qu'il lui sacrifia ce projet d'entente commerciale; il l'avait cependant vivement désiré et avait chargé son propre frère, Colbert de Croissy, de le préparer à Londres. Mais il estimait avant tout que ce droit favorisait l'essor de notre marine marchande et se liait ainsi intimement à ce système qui tendait à nous assurer la suprématie du commerce en ruinant celui des nations rivales.

La paix de Ryswick exempta en 1697 la Hollande d'une charge qu'elle supportait avec impatience malgré les tempéraments apportés par le traité de 1662. En France même, l'utilité du droit de tonneau fut discutée avec plus d'autorité qu'elle ne l'avait été dès son apparition. Colbert disparu, un mouvement de réaction contre son œuvre se fit jour, et les rapports présentés en 1701 par les délégués de nos ports au Conseil général du Commerce, établi par l'arrêt royal du 29 juin 1700, se prononcèrent dans une certaine mesure pour la liberté commerciale. Des Cazeaux, député de Nantes, déclara que, « puisque le droit de tonneau ne subsistait plus à l'égard des Hollandais, il était de la dernière conséquence qu'il fut supprimé aussi à l'égard des autres nations pour les attirer ». Mais ce vœu ne fut point entendu, et, cette même année au contraire, la taxe à percevoir sur les navires anglais fut portée de 50 sols à 3 livres 10 sols ; il en fut ainsi jusqu'au traité d'Utrecht qui les en exonéra complètement (art. 11).

Le 24 novembre 1750 une déclaration royale doublant la quotité du droit, l'éleva à 5 livres et le rendit applicable à tous les navires étrangers sans exception. Enfin le 25 mars 1765, une réglementation nouvelle permit d'établir la distinction entre le grand et le petit cabotage. Cette navigation ne fut point encore réservée, mais alors que le tarif de 1750 continuait à s'appliquer aux navires étrangers dont les opérations avaient lieu dans les ports d'une même mer (petit cabotage), il fut porté à 10 livres, lorsque les transports eurent lieu en grand cabotage, c'est-à-dire des ports de l'Océan à ceux de la Méditerranée ou inversement.

La rigueur de ces principes fut tempérée par de nombreuses exceptions et le *droit de fret* ou de tonneau n'atteignit en réalité que les étrangers, qu'il nous était indifférent d'exclure de nos ports, pour épargner les navires des nations avec lesquelles il nous parut avantageux d'entretenir des relations de commerce. Ces exemptions résultaient de traités nombreux, assurant par réciprocité à nos bâtiments des faveurs analogues à celles que nous accordions aux étrangers eux-mêmes. Ainsi, avons-nous vu les Provinces-Unies profiter dès 1697 d'une exemption de droits qui leur fut confirmée par arrêt du Conseil le 30 mai 1713. Elles perdirent, il est vrai, ce privilège le 31 décembre 1745, mais le recouvrèrent définitivement dix ans plus tard environ (1). La même faveur fut consentie aux Anglais par le traité d'Utrecht ; elle leur fut enlevée en 1750 et rendue par la suite en 1786 ; elle fut successivement étendue aux navires des villes anséatiques (2), aux Suédois (3), aux Danois (4), aux bâtiments napolitains et Siciliens, à ceux de la Prusse (5) et du Mecklembourg, des Flandres et des pays soumis à la domination de l'Empereur (6), ainsi qu'à ceux des Etats-Unis. L'Espagne fut encore plus libéralement traitée et le Pacte de Famille conclu à Paris le 15 août 1761, assimila les deux pavillons, même en matière de cabotage, en disposant que « le pavillon espagnol jouirait « en France des mêmes droits et prérogatives que le « pavillon français et que pareillement, le pavillon « français serait traité en Espagne avec la même faveur « que le pavillon espagnol » (art. 24). Cette facilité fut

1. Arrêt du Conseil du 25 mai 1756.

2. Traités de Paris, du 28 septembre 1716, et de Hambourg, du 1er avril 1769, art. 6.

3. Traité de Versailles, 25 avril 1741, art. 2.

4. Traité du 23 août 1742.

5. Traité du 14 février 1753.

6. Arrêt du Conseil, du 16 mai 1769.

confirmée par l'interprétation que donnait au Pacte de Famille, le traité signé à Madrid, le 2 janvier 1768.

A la veille de la Révolution, le droit de tonnage établi par Fouquet et Colbert avait, on le voit, reçu bien des tempéraments. Toutefois le principe en était maintenu, parce qu'il impliquait l'idée d'un avantage fait à nos propres navires sur ceux des nations étrangères. La défiance des pavillons concurrents était, du reste, générale, et aucun pays n'eût reçu nos bâtiments en franchise de taxes d'*abord*, si nous ne lui avions garanti par traité, des concessions de même nature ou équivalentes.

CHAPITRE III

Législation de la révolution. — Acte de navigation du
21 septembre et décret du 18 octobre 1793

Abolition des tribunaux d'Amirauté. — OEuvre de l'Assemblée Constituante.
Les receveurs des taxes de navigation élus ; leurs attributions confiées au
service des Douanes.
Acte de Navigation du 21 Septembre et Décret du 18 Octobre 1793.
Francisation des navires.
Méthode de jaugeage ; fausses déclarations.
Décisions prises en considération de l'état de guerre ; en faveur du com-
merce ; dans l'intérêt général de la navigation et dans un but d'hu-
manité.
Décime additionnel. Demi-droit de tonnage.

Sous l'Ancien Régime, la perception des *droits de fret*
faisait partie des attributions de l'Amiral ; ainsi en
avait décidé la Grande Ordonnance de 1681 sur la Marine, confirmant les dispositions antérieures. Comme
les autres impôts indirects, les taxes de navigation
étaient affermées, et, s'il s'élevait des contestations
entre le fermier des droits et les maîtres des vaisseaux
relativement à la capacité des navires, on pouvait procéder à l'amiable à un nouveau mesurage. A défaut
d'entente, des jaugeurs experts étaient désignés aux

frais du fermier sauf possibilité pour celui-ci de les répéter : si la mesure trouvée n'excédait pas de plus d'un dixième celle de la déclaration, on payait le simple droit avec frais et dépens : au cas contraire, le droit atteignait l'excédent reconnu, sans préjudice du paiement des frais et dépens et d'une amende de 50 livres par tonneau non déclaré. L'appel des décisions de l'espèce était porté devant les Cours des Aydes.

L'Assemblée Constituante ne modifia point tout d'abord cet état de choses. Le 11 septembre 1790 seulement, elle rendit un décret pour attribuer aux tribunaux de commerce tout le contentieux relatif aux transactions du commerce maritime soumis jusqu'alors aux tribunaux de l'Amirauté. En même temps, elle maintenait ces derniers pour s'occuper exclusivement des questions ayant trait à la police de la navigation et des ports jusqu'à ce que les Comités de la Marine et du Commerce aient présenté un projet capable d'en assurer la bonne administration (déc. 11 sept. 1790, art. 11). Quelques mois plus tard, en effet, sur le rapport du Comité de la Marine, les tribunaux d'Amirauté étaient supprimés ainsi que tous les préposés de police et service maritime des ports de commerce. On y substituait des *receveurs élus par les juges de commerce,* dans les villes maritimes où il y avait des tribunaux de commerce. Ces receveurs étaient tenus d'avoir des commis préposés à la recette des

droits dans les autres ports de l'arrondissement sous
leur inspection et leur responsabilité (déc. du 9 Août
1791, titre IV, art. 1er). La loi faisait en outre connaître
les règles de comptabilité de ces nouveaux fonctionnaires, déterminait leurs salaires, et prenait les plus
rigoureuses précautions pour que la remise du service
fut effectuée par les receveurs de l'Amirauté avec une
scrupuleuse fidélité. En attendant qu'un nouveau tarif
des droits de navigation fut proposé par les comités
compétents, on continuait à percevoir les anciens droits.
Le tarif n'était pas encore publié que déjà l'institution
des receveurs élus avait disparu. Beaucoup de villes
maritimes n'avaient pas de tribunaux de commerce,
et bien que les receveurs eussent été tenus de nommer
dans les différents ports de leurs arrondissements des
préposés chargés de percevoir les droits, le recouvrement de ceux-ci n'était point généralement suivi avec
exactitude ; dans plusieurs endroits, il était même
abandonné ou négligé. Personne n'avait voulu se
charger, en effet, d'un service dont la recette était peu
considérable et pour lequel les remises étaient modi-
ques. Aussi, le 30 Décembre 1792, la Convention décréta qu'à partir du 1er Janvier suivant, les receveurs
des Douanes seraient tenus de percevoir *sans frais*,
tous les droits attribués aux receveurs élus, précédemment créés. La loi invitait en outre les comités à présenter dans le plus bref délai, un tarif général et uniforme des taxes de navigation : ce fut en partie l'objet

du décret du 18 Octobre 1793 (27 vend. an II) complétant l'Acte de Navigation du 21 Septembre précédent. Auparavant, une disposition avait exonéré du droit de fret, les navires étrangers se livrant au grand cabotage (déc. 8 Avril 1793).

Le décret du 18 Octobre 1793 s'exprime en ces termes :

« Art. 29. — Les droits de fret..... sont supprimés.

« Art. 30. — Les bâtiments français au-dessus de
« trente tonneaux venant d'un port français sur l'Océan
« dans un autre sur l'Océan, ou d'un port français sur
« la Méditerranée dans un autre sur la Méditerranée,
« paieront trois sols par tonneau ; s'ils viennent d'un
« port français sur l'Océan dans un sur la Méditer-
« ranée et *vice versa*, ils paieront quatre sols par ton-
« neau.

« Art. 31. — Les bâtiments français venant des co-
« lonies et comptoirs des Français en Asie, en Afrique,
« en Amérique dans un port de France, paieront six
« sols par tonneau ».

« Art. 32. — Les bâtiments français venant de la
« pêche, de la course ou d'un port étranger, ne paie-
« ront aucun droit.

« Art. 33. — Les bâtiments étrangers venant dans
« un port de France paieront 50 sols par tonneau.

L'article 34 détermine la manière uniforme dont on doit se servir pour calculer le tonnage.

Ces dispositions modifiant ce qui avait jusqu'alors

existé, complétaient l'Acte de Navigation du 21 Septembre, calqué sur l'Acte de Cromwell de 1651, et inspiré à la Convention autant par la haine de l'Angleterre que par le souci de rendre à notre marine, la place que lui avaient fait perdre les fâcheuses guerres du xviiie siècle (1). Les anciens droits de navigation furent tous supprimés et remplacés par un droit de tonnage uniforme, qui, reprenant le tarif de 1659, frappait de 50 sols par tonneau les bâtiments étrangers de toute contenance. Notre navigation au long cours continuait à profiter de la franchise, mais un élément tout nouveau introduit par le décret, atteignait d'une façon modérée, il est vrai, les bâtiments français de plus de 30 tonneaux, se livrant au cabotage et à l'intercourse colonial. Cette mesure se justifiait par l'avantage que retirait notre marine à voir enfin *réservée*, en ce qui concerne le cabotage, une navigation que jusqu'alors les étrangers avaient fait de concurrence avec elle (Acte de Navigation, art. 4).

Mais avant d'entrer dans le détail de l'application des articles précités, il importe de faire connaître comment se déterminaient et la nationalité et la capacité des navires, servant de bases à la perception des droits.

« Après le 1er janvier 1794, aucun bâtiment ne sera « réputé français, n'aura droit aux privilèges des bâ- « timents français, s'il n'a pas été construit en France

1. Voir sur l'Acte de Navigation, le Rapport de Barrère à la Convention Nationale, *Moniteur Universel* des 23, 24 Septembre 1793.

« ou dans les colonies ou autres possessions de la
« France, ou déclaré de bonne prise faite sur l'ennemi
« ou confisqué pour contravention aux lois de la France,
« s'il n'appartient pas entièrement à des Français et si
« les officiers et trois quarts de l'équipage ne sont pas
« Français. » Ainsi est conçu l'art. 2 de l'Acte de Navigation. En exécution de ces dispositions, l'état civil
de tous nos navires fut refait. On fut obligé de déposer
aux bureaux des Douanes, tous les congés et titres de
propriété des bâtiments battant pavillon français, trois
jours après la publication de l'Acte de Navigation, si le
navire se trouvait dans un port, ou huit jours après
son arrivée, s'il en était éloigné. Ces pièces servirent à
la rédaction de l'acte de francisation jusqu'à délivrance
duquel tout chargement ou déchargement du navire était
différé. L'armateur déclarait par écrit, en présence du
juge de paix, qu'il était propriétaire du bâtiment sans
qu'aucun étranger y fût directement ou indirectement
intéressé ; s'il ne résidait pas dans le port, le consigna-
taire et le capitaine donnaient conjointement et soli-
dairement caution de rapporter les actes de propriété
signés du propriétaire réel dans un délai convenable :
à défaut, le bâtiment était saisi, confisqué et vendu. Ces
formalités remplies, la Douane procédait à la confection de l'acte de francisation. Chaque bâtiment eut un
nom et fut attaché à un port : mention de l'un et de
l'autre était inscrite à la poupe en lettres blanches de
quatre pouces sur fond noir, sans qu'on les pût changer,

couvrir ou effacer à peine de 3 000 livres d'amende.
L'acte de francisation était délivré seulement au port
d'attache et pour l'obtenir, le propriétaire devait prêter
serment selon la formule légale; en outre, il versait
une caution variant de 20 à 40 livres par tonneau, suivant la capacité des navires, pour réserver l'usage exclusif de l'acte de francisation au bâtiment pour lequel il
avait été délivré, et assurer son retour au bureau d'émis-
sion dans un délai déterminé en cas de perte du navire.
La délivrance de l'acte était frappée d'un droit variant
suivant la capacité du navire, qui ne pouvait sortir de
son port d'attache sans en être muni. En cas de perte,
il en était délivré un nouveau, moyennant l'accomplis-
sement des mêmes formalités et le paiement des mêmes
droits que pour le premier.

L'attention du législateur n'avait pas été moins vivement sollicitée par les questions relatives au mesurage
des navires que par celles touchant à leur nationalité.
Jusqu'alors, chaque port avait pour ainsi dire sa méthode propre de jaugeage, et ce défaut de règle com-
mune, multipliant les causes d'erreur, favorisait les
contestations et mettait obstacle à la perception exacte
des droits exigibles. L'article 34 du décret du 18 Octobre 1793 (27 vendémiaire), fit connaître la manière
dont les vaisseaux devaient être mesurés et l'unifor-
mité du mode de jaugeage fut impérieusement pres-
crite. Sans entrer dans le détail de ces opérations
compliquées, disons que la mesure était assez rigou-

reuse pour que la loi ne permît de négliger seulement les fractions inférieures à 1/95ème de tonneau : elle ordonnait en outre de modifier ces mesures à partir du 13 thermidor suivant pour les mettre en concordance avec le système métrique dont l'emploi devait devenir général à cette date (31 Juillet 1793). Toutefois cette méthode ne donna pas de bons résultats ; on fit donc expérimenter dans le port du Havre un moyen qui fut à la fois plus exact et d'exécution plus facile, et on l'adopta le 1er Janvier 1794. La fraction négligeable se trouva portée à 1/94ème de tonneau (celui-ci équivalant au mètre cube) ; d'ailleurs s'il était impossible de mesurer *au mètre* les dimensions intérieures d'un navire à cause de son chargement ou pour tout autre motif, les droits étaient simplement perçus d'après la contenance déclarée. L'opération de la jauge pouvait être répétée dans différents ports, afin de s'assurer de l'identité du bâtiment. Le décret ne prononçant aucune peine dans le cas de fausse déclaration de tonnage, maintenait tacitement les dispositions de l'Arrêt du 19 Avril 1701 que nous avons signalées. Cependant les tribunaux rejetèrent pour la plupart cette jurisprudence, de sorte que les fausses déclarations demeurèrent souvent impunies. Pour suppléer au silence de la loi et au refus des tribunaux, une décision ministérielle du 27 Septembre 1799 (6 vend. an VIII) prononca que ce genre de fraude encourrait à l'avenir l'amende du double droit.

Les taxes de tonnage constituant un droit d'*abord*

affectant le corps du navire et non la cargaison, étaient exigées même des bâtiments venant sur lest. L'entrée dans un port y donnait ouverture quelle que dût être la durée de séjour des navires ; s'ils y demeuraient un certain temps, on devait les acquitter dans les vingt jours, ou bien avant le départ, si ce délai ne devait pas être atteint. Il faut entendre ici par port, toute enceinte gardée où se trouvait un bureau de douane ; la relâche dans une rade, dans un golfe ou dans une baie où il n'y avait point de bureau, était exempte du droit, à moins que le capitaine ne se livrât à des opérations de commerce.

Il nous reste à exposer les applications du décret du 18 Octobre 1793, à commenter les modifications, les atténuations qui y furent apportées. Les circonstances dans lesquelles il fut voté, en expliquent la rigueur. Inspiré sans doute comme l'Acte de Navigation lui-même par la nécessité de protéger notre marine, de lui ménager la plus grande part possible de notre trafic, il avait été avant tout un acte politique commandé par les vicissitudes de la guerre dans laquelle nous nous trouvions engagés contre l'Angleterre, et par suite contre l'Europe entière. Le retour de la paix permit de se départir d'une rigueur devenue inutile, et qui se fût même tournée contre notre propre intérêt, car s'il est de bonne justice de se réserver à soi-même des avantages, il est imprudent d'élever comme une barrière entre son pays et l'étranger. Celui-ci, à son tour, par

représailles en arrive à fermer ses portes à la concurrence, et les produits nationaux ne trouvant plus de
débouchés, la décadence provient de l'excessive protection que l'on espérait par ce moyen s'assurer. Quoi
qu'il en soit, notre dessein est de présenter les modifications apportées à la législation de principe et nous
avons pensé pouvoir les rattacher à trois ordres d'idées
différents : 1°, décisions nécessitées au début par l'état
de guerre ; 2°, décisions en faveur du commerce ;
3°, décisions inspirées par l'intérêt général de la navigation et par des considérations d'humanité.

I. — *Décisions nécessitées au début par l'état de guerre.*

1°. « Les bâtiments français venant de la course ne
« paieront aucun droit ». Tels sont les termes mêmes
de l'article 32 du décret, constituant une faveur pour
les corsaires. Cette exemption ne fut accordée en
fait que jusqu'à la chute de Napoléon Ier, la France
ayant depuis lors renoncé à armer des bâtiments en
course (1). Cette renonciation de fait a été consacrée en
droit en 1856, à l'égard des puissances qui ont adhéré
à la Déclaration de Paris. Mais cette convention qui

1. Autorisée par la loi du 31 Janvier 1793, et réglementée par le
décret du 22 Mai 1803, la course cessa, en fait, d'être pratiquée en
France depuis 1815.

peut du reste être dénoncée, engage seulement les signataires entre eux et leur laisse toute liberté vis-à-vis des nations qui n'ont point souscrit à ses clauses. On peut donc se demander quelle serait en l'espèce, la situation actuelle de corsaires, si la France dénonçait la convention ou délivrait des lettres de marque en cas de guerre avec une puissance non adhérente aux principes établis en 1856. Il ne nous paraît pas douteux que l'article 32 du décret du 18 Octobre 1793 ne reprenne alors toute sa force, et les bâtiments en question devraient être exemptés de toute espèce de droits perçus en raison de leur abord.

2°. Les navires étrangers provenant de prises faites sur l'ennemi, même si les tribunaux de prises ne les déclaraient pas de bonne prise et par suite s'ils étaient rendus, sauf au cas où le capitaine se serait livré à des opérations de commerce (décision du 30 Septembre 1797, 9 vend. an VI). L'observation que nous venons de présenter pour les corsaires s'applique à ces bâtiments ; *a fortiori,* cette règle devrait-elle être suivie s'il s'agissait de navires capturés par les vaisseaux de l'Etat, comme transportant de la contrebande de guerre.

3°. Etaient encore exempts de droits, les bâtiments de tout pavillon employés comme parlementaires à l'usage unique du Gouvernement, même s'ils prenaient au retour des passagers ou des marchandises (déc. du 23 Décembre 1796, 3 niv. an V). On leur assimilait ceux qui n'avaient à bord que des prisonniers français munis de sauf-conduits, à la condition qu'ils ne ramenassent pas en même temps d'autres passagers (déc. 18 Janv. 1801, 28 niv. an IX).

4°. Les bâtiments de tout pavillon frétés par le Gouvernement. Cette disposition donnait lieu à une distinction. Les navires que l'Etat employait à des transports par suite d'un marché, ou qu'il affrétait à tant par tonneau, sans prendre les équipages à sa solde, étaient soumis au droit : cependant, si dans ce dernier cas, le capitaine n'en pouvait faire l'avance, l'expéditeur passait soumission de les régler à la fin du mois. La franchise était donc réservée aux seuls bâtiments de l'Etat, ou à ceux qu'il mettait en réquisition et dont les équipages étaient à sa solde (déc. 25 Janv. 1799, 6 pluv. an VII). Des navires de l'Etat employés au transport de munitions navales, se crurent autorisés à charger au retour des objets de commerce sans perdre l'immunité. On les soumit à la taxe, et par la suite, on exigea non seulement qu'ils ne prissent plus d'objets de commerce, mais encore qu'ils eussent à bord avec leur ordre spécial de service, une facture signée des administrateurs du port, désignant leur destination et la nature de leur chargement.

5°. Les circonstances imposèrent au Gouvernement l'obligation de déroger aux dispositions de l'Acte de Navigation relatives au cabotage, et il dut autoriser les navires neutres à s'y livrer dans les mêmes conditions que les bâtiments français. Mais cette faveur excep-

tionnelle leur fut du reste retirée dès que la conclusion
de la paix d'Amiens eût rendu la liberté à notre navigation (déc. 12 Octobre 1802, 20 vend. an XI).

II. — *Décisions en faveur du commerce.*

1°. Aucun droit de tonnage ne pesait sur les navires
français venant de l'étranger (déc. du 18 Octobre 1793,
art. 32). Il n'y a pas lieu de revenir sur cette disposition que nous avons déjà expliquée.

2°. Exemption des navires français de moins de 30
tonneaux (déc. 18 Oct., art. 30). Cette disposition tendait à favoriser le petit cabotage, dont l'objet intéressant le commerce de détail, affectant les relations de
voisinage, eût été gêné par la pression du droit. Du
reste, les bâtiments de cette contenance, pontés ou non,
accomplissent surtout de courts trajets, font des voyages fréquents, parfois quotidiens et souvent à demi-
charge. Il eût été, dans ces conditions, d'autant plus
rigoureux de les soumettre à la taxe, qu'elle eût été
plus souvent répétée, et ces motifs suffisent à justifier
l'exception dont ils furent l'objet.

3°. Navires venant de la pêche. Le décret accordait la
franchise aux navires français se livrant à la pêche
(art. 32). C'était là un encouragement donné à une
industrie que tous les Gouvernements ont favorisée ;

aussi cette disposition fut-elle entendue dans le sens le plus large. Elle fut accordée aux bâtiments naviguant pour la pêche sous pavillon neutre afin de se soustraire aux recherches de l'ennemi (déc. du 12 Fév. 1796, 22 vent. an IV). L'immunité fut même acquise par la suite, aux navires qui suppléaient aux bâtiments de pêche par le transport des produits aux lieux les plus avantageux pour la vente, et encore, aux navires qui, après les avoir approvisionnés de sel, allaient vendre le poisson salé aux ports de consommation.

4°. Navires chargés de sel. Les navires étrangers venant sur lest, pour charger des sels dans les ports de la Méditerranée et plus tard dans ceux de l'Océan, furent exonérés des droits de tonnage à condition que leur chargement fut uniquement composé de sel ; s'il était incomplet, le surplus du tonnage était assujetti aux droits (Ord. du 31 Juillet et 4 Décembre 1816). Cette faveur réservée d'abord au seul pavillon étranger fut appliquée également aux navires français en 1819. De plus, tout bâtiment venu dans le but de charger du sel, important moins de $1/20^{\text{ème}}$ de son tonnage en marchandises, fut considéré comme sur lest, et put, au départ, exporter de nouvelles marchandises sous la réserve que le sel formât réellement la majeure partie (les $14/15^{\text{èmes}}$) de son chargement.

Des immunités de droits étaient encore accordées.

5°. Aux bâtiments étrangers chargés *en France* qui, pour échapper à la poursuite de l'ennemi, se réfugiaient dans un port sans y faire d'opérations de commerce, et le quittaient le danger passé. Cette exemption avait pour objet de favoriser nos exportations ; par suite elle n'était point appliquée aux navires sur lest.

6°. Aux navires français se rendant sur lest du lieu de leur construction, au port où ils devaient recevoir leur acte de francisation.

7°. Aux navires français naviguant en rivière. Toutefois, le droit était dû, lorsque pour se rendre d'un port situé dans une rivière à un autre situé dans une rivière différente, il fallait emprunter la voie de la mer, de Rouen à Caen par exemple. La navigation fluviale ne donnait lieu qu'une seule fois à l'ouverture des droits ; payés au port de prime abord, ils n'étaient plus répétés tant que le navire ne quittait pas le fleuve.

8°. Aux navires de tout pavillon employés comme allèges pour le chargement ou le déchargement des cargaisons.

9°. Aux bâtiments entrant dans le port de Marseille. La suppression des ports francs en 1795 avait fait rentrer cette ville dans le droit commun, et la taxe y était devenue exigible. Mais l'Ordonnance Royale du 10 Septembre 1817 lui restituant les privilèges qu'elle avait eu sous l'Ancien Régime, affranchit de tous droits de navigation les navires français et étrangers se présentant dans son port.

10°. Le droit n'était exigé qu'une seule fois des navires de tout pavillon qui, venus pour commencer leur chargement dans un port, allaient le compléter dans un autre sans y opérer de débarquement, sous la réserve expresse que la cargaison fût exclusivement composée de marchandises nationales. Plus tard, on accorda cette faveur aux bâtiments quittant sur lest le premier port, ou chargés en partie de marchandises étrangères extraites d'entrepôt (décisions des 29 Novembre 1801 et 2 Avril 1805 ; 8 frim. an X et 12 germ. an XIII). En 1829, les capitaines furent même dispensés de prendre des marchandises dans chacun des ports secondaires, s'ils n'en trouvaient point à leur convenance. Ces dispositions favorables à l'exportation, tendaient à faciliter le commerce dit *de cueillette*.

11°. Le droit fut réduit à la moitié (1 fr. 25) pour les smogleurs de 20, puis de 50 et enfin de 30 tonneaux et au-dessous. On appelait ainsi des bâtiments de faible tonnage, qui, de nos ports de la Manche, importaient en contrebande en Angleterre des spiritueux, et en rapportaient de l'or.

12°. Les paquebots furent l'objet de dispositions spéciales : l'intérêt particulier que présente tout ce qui se rattache à la navigation à vapeur, nous engage à reporter plus loin l'étude des dispositions qui les concernent.

III. — *Décisions inspirées par l'intérêt général de la navigation et par des considérations d'humanité.*

Nous rangeons dans cette catégorie les tempéraments apportés à la loi plutôt par des motifs d'ordre général que dans l'intérêt de notre pavillon. Telle, la décision du 1er Février 1817, qui suspendit jusqu'au 1er Septembre suivant le recouvrement des droits de tonnage sur les navires étrangers apportant en droiture des grains et farines en France. Déjà, l'arrêté du 16 Février 1796 (26 vent. an IV) avait spécifié que les navires chargés de grains et de comestibles destinés à l'approvisionnement de la France ne seraient assujettis qu'une fois au paiement du droit, même s'ils opéraient le déchargement de leur cargaison en plusieurs ports : cela était admis aussi pour les bateaux des patrons gênois ou espagnols qui remplissaient le même office dans nos départements méridionaux. Ces dispositions inspirées par le souci de fournir au pays les subsistances de première nécessité — ainsi faut-il entendre le mot comestibles — cessèrent d'avoir leur effet en 1823. De même, on exempta de la taxe, à condition qu'ils repartissent sur lest, les bâtiments chargés de fascines et de matériaux destinés à réparer les digues de la Flandre hollandaise, alors province de la République, car leur ruine menaçait les populations qu'elles avaient mission de pro-

ţéger (14 Juillet 1797, 27 therm. an V). Mais, par-
dessus tout, le souci de ne pas aggraver par de lourdes
charges les périls de la navigation, inspira les nombreuses mesures favorables aux bâtiments en relâche
forcée. Le Gouvernement prit seulement les mesures
nécessaires pour éviter que d'imaginaires événements
de mer ne servissent à masquer des opérations fraudu-
leuses. L'art. 6, titre II de la loi du 24 Mars 1794
(4 germ. an II) est ainsi conçu : « Si un bâtiment entre
« par détresse dans un port qui n'est pas celui de sa
« destination, le préposé de la douane permettra la
« décharge du bâtiment, la vente des objets de nature
« périssable ou qu'il sera nécessaire de vendre pour
« payer les frais de radoub, conformément aux lois et
« tarifs. Le surplus pourra être rechargé et le bâti-
« ment repartir pour le port de sa destination en payant
« le droit de tonnage, et un demi pour cent de la valeur
« des objets non vendus, pour frais de magasin ».
Une disposition si rigoureuse, n'établissant aucune
différence entre l'abord volontaire d'un navire et l'abri
qu'il vient demander contre la tempête, fut heureusement bientôt atténuée. La relâche forcée se justifiait
par un rapport déposé au bureau des douanes dans les
24 heures de l'arrivée ; les faits articulés devaient con-
corder avec le livre de bord et être confirmés par l'in-
terrogatoire des gens de l'équipage entendus séparément et au besoin confrontés ; les préposés des douanes
étaient tenus d'en constater la réalité. Sous ces condi-

tions, les navires se livrant au cabotage étaient exempts
de droits si, dans le port de relâche, ils ne déchar-
geaient pas plus du dixième en volume (et non en valeur) de la cargaison (28 Décembre 1802, 7 niv. an XI
et 24 Novembre 1812).Les navires étrangers à destination d'un port français, étaient également exempts s'ils
ne faisaient en aucune façon acte de commerce,et s'ils
ne subissaient point de réparations. Pour éviter qu'on
ne déclarât un chargement réellement destiné à l'étranger pour un port français, on exigeait du capitaine une
caution : à défaut, il devait payer le droit dont il obte-
nait remboursement sur justification du déchargement en France. Mais un navire étranger portant une
cargaison pour l'étranger ne profitait pas de cette disposition, parce que, au dehors, on n'agissait pas plus
humainement pour nos propres navires. Le 4 Août 1828
seulement, le droit fut abaissé à 0,50 et 0,25 c. par
tonneau selon que les bâtiments étaient chargés ou sur
lest, pour les pays qui nous accordaient le même traitement. Cinq pavillons furent en premier lieu admis
à ce tarif, celui des Pays-Bas, qui bientôt même, fut à
titre de réciprocité exonéré de toute taxe (3 Octobre 1829)
et les pavillons napolitains (4 Décembre 1828) anglais,
toscan et suédois-norvégien (6 Janvier,4 Avril et 23 Mai
1829). Encore en 1834, fallut-il retirer cette faveur à
l'Angleterre qui, en raison de la nature des taxes anglaises, n'avait pu nous assurer la réciprocité. Mais de
1829 à 1863, un si grand nombre d'exemptions totales

fut accordé, qu'en fait, le recouvrement des droits de tonnage en cas de détresse cessa d'être poursuivi.

Enfin, les navires échoués ou abandonnés par le capitaine même si le chargement était sauvé, et *a fortiori*, ceux provenant d'épaves, ceux qui étaient condamnés comme innavigables et dont la cargaison, s'ils étaient étrangers, était réexportée par d'autres navires, ceux aussi se livrant à la pêche qui, forcés de relâcher dans nos ports, mettaient à la voile aussitôt le danger passé, sans avoir fait de commerce, étaient également affranchis du droit de tonnage.

Nous avons ainsi déterminé les caractères du décret de la Convention et analysé les décisions qui s'y rapportent. Ajoutons qu'en fait, les droits perçus étaient supérieurs aux tarifs déterminés par la loi initiale ; il y faut en effet ajouter le décime par franc créé par la loi du 25 Mai 1799 (6 prair. an VII) qui venait s'ajouter au droit principal. Puis la loi du 4 Mai 1802 (14 floréal an X), porta création d'une contribution spéciale affectée aux dépenses d'entretien et de réparation des ports, égale à la moitié du droit de tonnage et perçue en même temps que lui. Ce fut le *demi-droit de tonnage.*

Quoi qu'il en soit, si le décret du 18 Octobre 1793 est demeuré la base de notre législation en matière de taxes d'*abord*, les modifications profondes qui y furent apportées en ce siècle dans un esprit tout différent de celui des législateurs de la Convention, nous permet d'en considérer l'étude comme achevée. Les dispositions subséquentes doivent donc faire l'objet d'une analyse à part. L'ordre chronologique ne sera plus, il est vrai, rigoureusement observé, et nous aurons à étudier des actes plus anciens qu'une partie de ceux dont nous venons de nous occuper ; mais nous nous sommes attachés jusqu'ici, sans égard aux dates, à signaler toutes les décisions qui se rattachent logiquement à l'œuvre de 1793.

CHAPITRE IV

A la chute de Napoléon, la France fut désireuse de
rétablir une situation économique compromise par
vingt ans de guerre. Le commerce et l'industrie, malgré les encouragements de l'Empereur, malgré les
prohibitions frappant les marchandises anglaises,
n'avaient pu se développer beaucoup dans un temps où
toutes les forces du pays étaient employées aux armées.
Les législateurs de la Restauration choisis par le suf-

frage restreint parmi les grands propriétaires fonciers
et les grands industriels, furent naturellement enclins
à se montrer protectionnistes à outrance, et donnèrent
aux lois l'empreinte d'une défiance excessive de l'étranger, surtout en ce qui concerne les transports maritimes. Toutefois, de si nombreux traités de navigation
vinrent tempérer ces rigueurs, que, lorsque le second
Empire décréta, en 1866, l'égalité absolue des pavillons, on aurait eu peine à retrouver l'application des
principes de l'Acte de Navigation de 1793, relativement aux droits de tonnage, encore qu'il n'eût point
été abrogé.

L'Espagne fut la première à profiter des dispositions nouvelles où se trouvait la France. Mais tandis
que la crainte de la concurrence semblait présider à
la confection de nos lois, des considérations de famille
entre souverains, le souvenir de traités anciens et
d'usages établis de longue date, nous conduisirent à
renouer avec l'Espagne la chaîne interrompue des tra-
ditions de l'Ancien Régime. L'article 2 des articles addi-
tionnels de la Convention signée le 20 Juillet 1814 à
Paris, spécifia que « les relations commerciales entre
« les deux peuples seraient rétablies sur le pied où elles
« étaient en 1792 ». C'était en somme un retour au
Pacte de Famille, et lorsqu'aucun doute ne s'élevait sur
sa nationalité, le pavillon espagnol était traité comme
le pavillon français lui-même, notamment en ce qui
concerne le cabotage. Ce privilège ne prit fin qu'en

1877 (Convention de Paris du 8 Décembre 1877, art. 9).

Si l'Espagne fut appelée à jouir d'une situation de faveur, il n'en fut pas de même, du moins au début, des Etats-Unis, où le tarif douanier de 1816 et les surtaxes de pavillon avaient excité une vive irritation. Les marchandises américaines, et notamment les cotons, avaient été traités de telle manière que seuls nos bâtiments pouvaient en réalité les importer (1). Des représentations diplomatiques échangées à ce sujet n'ayant pas abouti, le Congrès américain vota, le 15 Mai 1820, un bill frappant notre marine de taxes prohibitives. Deux Ordonnances Royales du 26 Juillet de la même année répondirent à cet acte : l'une accordait une prime de 10 fr. par 100 kg. pour les cotons américains importés par navires français hors des ports de l'Union ; l'autre remplaçait les droits de tonnage des navires américains par un droit spécial de 90 fr. par tonneau, sans préjudice du décime. Observons toutefois que cette taxe n'était pas exigée des navires sur lest et ne donnait pas lieu à la perception du demi-droit de tonnage. Elle devait d'ailleurs n'être plus exigible dès que l'avis officiel de l'annulation de l'acte du 15 Mai

---

1. Tarif de 1816 ; loi du 28 avril.

Cotons en laine, étrangers	longue soie	par nav. fr.	40 fr. 00	les 100 kgs
		par nav. étr.	55 fr. 00	
	courte soie	par nav. fr.	20 fr. 00	
		par nav. étr.	35 fr. 00	

aurait été reçu. En fait, les relations commerciales
entre les deux pays furent suspendues et ne reprirent
leurs cours que lorsque la convention du 22 Juin 1822
eût amené une solution transactionnelle. Le 3 Septembre 1822, une nouvelle Ordonnance remplaça cette
taxe de 90 fr. par un droit unique de 5 fr. par tonneau
de jauge, perçu seulement au port de prime abord et
moyennant lequel les bâtiments américains étaient
exempts de toute autre taxe. Par réciprocité, nos navires ne devaient payer que 94 *cents* par tonneau,
dans les ports de l'Union. Ce régime dura jusqu'au
1er Janvier 1867, époque à laquelle l'assimilation des
pavillons français et américain fût complète dans l'un
et l'autre pays. Une instruction ministérielle assimila
en 1827 le pavillon mexicain aux bâtiments de l'Union,
jusqu'à ce que le traité de la Vera-Cruz vint l'exempter
de toute taxe (Traité du 9 Mars 1839).

Le 26 Janvier 1826, une convention de navigation fut
signée à Londres et ratifiée à Paris cinq jours plus tard.
Elle avait pour but d'assurer par réciprocité, un traitement égal aux navires des deux pays contractants. Les
bâtiments britanniques venus avec chargement des ports
ou possessions du Royaume-Uni, ou s'y rendant, et ceux
venus sans chargement de tous ports quelconques ou s'y
rendant, ne devaient être assujettis en France à aucuns
droits de navigation plus élevés que ceux qui frappaient
dans les ports de la Grande-Bretagne nos propres bâtiments naviguant dans les mêmes conditions ; les navires

des deux pays devaient donc payer un droit de tonnage
égal qui ne pouvait être supérieur à celui perçu sur tous
bâtiments étrangers (3 fr. 75, plus le décime) (1). Cette
convention faisant perdre à notre pavillon le bénéfice
de l'art. 32 du décret du 18 Octobre 1793 (2), et jusqu'à
ce que les tarifs respectifs des deux pays fussent mis
sur le même pied, les navires français venant d'Angleterre ou des possessions anglaises en Europe durent
payer ce droit de 3 fr. 75, avec le décime. Six ans plus
tard, ce droit fut converti en une taxe fixe de 1 fr. 50
(Ord. Royale du 16 Juin 1832) que la loi du 2 Juillet 1836
(art. 5) ramena à 1 fr. 10, y compris le décime. Le traité
du 23 Janvier 1860 maintint ces dispositions qui furent
même en 1863, étendues aux bâtiments britanniques
venant de l'étranger avec chargement à destination de
l'étranger, entrés en relâche dans nos ports sans y faire
de commerce, alors que depuis 1834, ils étaient en ce
cas, rentrés dans le droit commun. La convention
de 1826 plaçait ainsi, en apparence, les deux nations
sur le pied d'égalité relativement aux taxes de tonnage ;
en réalité, cette égalité était fictive, car l'Angleterre
concédant ses ports à des compagnies particulières, se
retranchait derrière l'impossibilité où elle se trouvait

1. Cette somme représente à la fois le droit de tonnage (2 fr. 50)
et le demi-droit (1 fr. 25) ajouté en 1804.

2. Déc. du 18 Oct. 1793, art. 32 : « Les bâtiments français venant
de la pêche, de la course, *ou d'un port étranger,* ne paieront aucun
droit ».

d'amener ces dernières à modifier leurs tarifs, pour
jouir en France de faveurs qu'elle n'accordait point à
nos navires.

Cette convention servit de point de départ à de nombreux traités de navigation. L'année même où elle fut
signée, les bâtiments brésiliens furent appelés à béné-
ficier du traitement de la nation la plus favorisée. Plus
tard, à titre de réciprocité bien entendu, et sous réserve
qu'ils vinssent directement de leur pays d'origine, les
navires du Mecklembourg-Schwérin profitèrent des prérogatives réservées à notre pavillon ; cette situation de
faveur leur fut accordée de 1835 au 10 Février 1850,
époque à laquelle ils rentrèrent dans le droit commun,
pour recouvrer de nouveau leur privilège en 1865. Successivement, les bâtiments grenadins (1832 et 1844),
boliviens (1834), ceux de l'Uruguay (1836), du Véné-
zuéla (1836), des Républiques de l'Amérique Centrale
(1850 à 1859), du Chili (1846), du Paraguay (1853), du
Pérou (1858) et de la République de l'Equateur, les
bâtiments sardes (28 Août 1843, loi du 9 Juin 1845),
napolitains et toscans (1845 et 1853) puis lorsque, l'unité
italienne fut accomplie, les bâtiments italiens (1) (17 Janvier 1863), enfin ceux portant le pavillon de la ville libre
de Brême (4 Mars 1865) furent également et aux mêmes
conditions, traités comme nos propres navires. Ce régime

1. Les bâtiments italiens à vapeur furent même admis, à charge
de réciprocité, à faire le cabotage dans nos ports méditerranéens. Le
traité du 12 Juillet 1886 (art. 12) mit fin à cette situation de faveur.

fut encore accordé au pavillon russe (et finlandais) par le traité de 1857, effaçant une réserve imposée en 1846, qui laissait dans le droit commun les navires chargés se rendant d'un port français méditerranén dans un port russe quelconque, et ceux qui venaient dans les mêmes conditions, d'un port russe de la mer Noire ou de la mer d'Azoff, dans un port quelconque de France.

Mais comme plusieurs nations étrangères grevaient de droits de tonnage leur propre pavillon, le système de la réciprocité se fut tourné au préjudice de nos intérêts. Pour rétablir l'égalité, on stipula que les navires appartenant à des puissances qui imposaient leurs bâtiments, seraient assujettis à des droits de tonnage équivalents en France. Tel fut le cas des navires néerlandais venant chargés de Hollande ; outre le décime, ils furent astreints au paiement d'une taxe de 1 fr. 05 à leur première entrée et à leur sortie, pour tout le cours d'une même année calculée du 1er janvier au 31 décembre. Par suite, un navire néerlandais qui, lors d'un voyage, avait, au port de prime abord, acquitté cette double taxe, n'avait aucun droit à payer pour tous les autres voyages qu'il pouvait effectuer dans la même année. En 1855, l'abolition des droits de tonnage en Hollande, amena le retrait de cette disposition. De même, les traités du 10 Novembre 1849 et du 1er Mai 1861, imposaient une taxe annuelle et indivisible de 2 fr. 20, perçue dans les mêmes conditions, mais sans décime additionnel, sur les navires belges, jusqu'à ce que fût venu le régime d'une franchise réciproque à dater du 1er Août 1863. Le pavillon danois fut aussi l'objet de dispositions spéciales ; la convention de 1842 soumettait les bâtiments du Danemark au tarif légal de 3 fr. 75, jusqu'à ce que des commissaires désignés par les deux pays intéressés, eussent fixé la quotité d'un nouveau droit. Le résultat de l'entente franco-danoise fut qu'un droit de 2 fr. 10 par tonneau, suivant la jauge française, fût exigé des navires danois sans addition de décimes ; plus tard, ce droit se trouva réduit à 1 fr. (25 Juin 1864). Dans le cas de relâche forcée, d'avaries, d'échouement ou bien encore si les navires danois se contentaient de prendre dans nos ports des avis, sans y faire d'opérations commerciales, une taxe spéciale et unique de six centimes par tonneau était recouvrée (2 Septembre 1844, 25 Juin 1864). Le Portugal n'imposait pas aux navires français de droits d'*abord* uniformes. Perçus tantôt à l'entrée, tantôt à la sortie, ils variaient encore suivant la nature de la cargaison. Pour compenser ces inégalités, nous adoptâmes à l'égard des navires portugais, un droit fixe de 1 fr. sans addition de décimes (9 Mars 1853). Dans le même ordre d'idées, il faut encore citer la taxe de 2 fr. 70 recouvrée sur les navires dominicains au seul port de prime abord (8 Mai 1852). Le 2 août 1862, le traité conclu avec l'Union douanière allemande imposa aux bâtiments allemands venant des ports du Zollverein situés sur l'Elbe, le Weser ou la Trave un droit de 1 fr. exigible dans chacun des ports où ils abordaient : ces droits étaient réduits de moitié pour les navires anséates venus en droiture de Hambourg et de Lubeck, alors que les bâtiments brêmois venus directement de leur port d'attache étaient indemnes de cette taxe (4 Mars 1865, v. s. p. 44). Enfin le pavillon suédois-norvégien, en attendant l'abolition des taxes de tonnage en Scandinavie, n'eut à payer, pour droit d'*abord*, que 0 fr. 75 par tonneau. Faut-il ajouter que depuis le 9 Novembre 1865, le pavillon monégasque jouit d'une assimilation complète avec le pavillon français.

Tels furent les traités de navigation conclus antérieurement à la loi du 19 Mai 1866, qui abolit les droits de tonnage. On peut juger combien s'étaient abaissées les barrières établies par la Révolution en défiance des pavillons étrangers : ce qu'il en restait tendait moins à conserver une place privilégiée à notre marine qu'à chercher à ne pas mettre les navires étrangers fréquentant nos ports dans une situation plus favorable que celle réservée à nos bâtiments au dehors.

Cet exposé de la législation serait incomplet si nous laissions de côtés les dispositions relatives à l'Algérie et à la navigation à vapeur.

La situation particulière de l'Algérie nous permettait d'espérer trop d'avantages d'une colonie si fertile et que nous avions conquise au prix de si lourds sacrifices, pour que nous ne nous appliquions à les réserver à notre marine. Aussi, dès 1835, le privilège de l'intercourse direct et du cabotage entre les différents ports algériens nous était réservé en exemption du paiement de droits de tonnage, alors que, les navires étrangers, chargés ou non, étaient soumis à une taxe *d'abord* de 2 francs par tonneau de jauge (Ordonnance du 11 Novembre 1835). Les circonstances nous obligèrent bientôt, il est vrai, à étendre aux bâtiments étrangers, mais sous condition du paiement de la taxe, le privilège des navigations jusqu'alors réservées (Ord. du 27 Février 1837), mais à partir du 1er Mars 1842, cette facilité fut limitée aux cas d'urgence et de nécessité absolue (Ord^ces du 7 Décembre 1841, art. 1er, et du 16 Décembre 1843, art. 1er). Enfin la loi du 11 Janvier 1851, relative au régime commercial de l'Algérie, rétablit à titre définitif pour le pavillon français le privilège de l'intercourse sauf, aux cas prévus par l'Ordonnance de 1841, et doubla la quotité du droit de tonnage à percevoir sur les navires étrangers chargés ou non (4 fr.), en exemption toutefois de ceux qui entrés en relâche forcée ou librement dans un port, le quittaient sans y avoir fait aucune opération de commerce. A titre provisoire, le cabotage sous tout pavillon était libre, mais une disposition de la loi, l'article 9 (1), donnait au Gou-

---

1. Loi du 11 Janvier 1851, art. 9 : « Le Président de la République pourra, par voie de décret pour l'Algérie..... 6° en cas d'insuffisance de la navigation française, accorder temporairement la faculté de cabotage, en Algérie, avec ou sans exemption du droit de tonnage ; 7° accorder l'exemption du droit de tonnage aux navires arrivant chargés de bois du Nord, lorsqu'ils repartiront chargés de produits français ».

vernement la faculté de retirer ce privilège aux étrangers par simple décret. Ainsi, furent affranchis du paiement de droits de tonnage, le 10 Octobre 1855, les
navires étrangers important du nord de l'Europe des
bois de construction dans la proportion des 3/4 de leur
tonnage légal, et repartant chargés de produits français ou algériens. Une perception des droits, propor-
tionnelle au tonnage inoccupé ou affecté à d'autres
marchandises, était effectuée, si les navires n'importaient pas la quantité réglementaire de bois de construction, ou si, ayant satisfait à cette condition, ils
n'exportaient pas de produits français ou indigènes
pour moitié au moins de leur tonnage. Une loi du 23
Mai 1853 vint du reste modifier la base de perception
du droit. La capacité du navire ne servit plus de point
de départ au calcul de la taxe ; on compta seulement
le tonneau d'affrètement pour les marchandises embarquées et débarquées, sans qu'en aucun cas, d'ailleurs,
le total des droits recouvrés put être supérieur à ce
qu'aurait produit l'application du système précédemment en vigueur.

Ajoutons que, d'après les conventions passées avec
les principales puissances, Pays-Bas, Russie, Belgique,
Italie, Suède-Norwège, Allemagne et villes anséatiques (1), les droits de tonnage exigés des navires portant
leur pavillon, et venus en droiture de leur pays d'ori-

1. V. S. les dates des différents traités avec ces puissances.

gine, furent réduits de 50 0/0 sur le tarif établi en 1851.
Les bâtiments anglais restèrent exclus de cette faveur.
Enfin, la loi de 1866 supprima le privilège de l'intercourse, et autorisa le Gouverneur Général de la colonie, à permettre aux navires de tous les pays, à se
livrer au cabotage entre les ports algériens (Loi du
19 Mai 1866, art. 9).

Sans faire ici l'historique de la navigation à vapeur
qui prit si vite la plus large part au mouvement maritime international, il y a lieu de rappeler, qu'en 1817
seulement, fut tentée avec succès la première traversée
de mer en Europe par des bâtiments à vapeur (1). L'application de cette découverte fit de si rapides progrès,
que, dès 1821, le pouvoir dut s'inquiéter de mettre les
nouveaux bâtiments sur le pied d'égalité avec les navires à voiles, relativement aux taxes de tonnage. Dans ce
but, une Ordonnance Royale du 8 Août 1821, compléta
la loi du 1er Janvier 1794 (12 niv. an II) concernant le
jaugeage, en prescrivant qu'il n'y avait pas lieu de faire
entrer dans le calcul de la capacité utilisable des navires à vapeur, les espaces réservés aux machines et
aux approvisionnements en combustible, pourvu qu'ils
ne continssent pas de marchandises.

Les mers européennes ne tardèrent pas à être sillon-
nées de bâtiments à vapeur; les marines française et
anglaise rivalisèrent de zèle pour en construire, et dès

1. Traversée du Canal Saint-Georges, d'Holyhead à Dublin, par
les navires anglais « *Hibernia* » et « *Britannia* ».

1829, l'Angleterre seule en comptait 331 de toutes dimensions. D'abord utilisés pour de courtes traversées, ils furent bientôt employés dans la Méditerranée et dans le Levant ; en 1838 enfin, le navire anglais « *Syrius* » résolut le premier le problème de la navigation transatlantique.

Tant que le nouveau mode de navigation ne fut employé qu'au transport des marchandises ou simultanément à celui des marchandises et des voyageurs, les règles et les conventions relatives aux droits de tonnage que nous avons étudiées, reçurent leur effet. Mais la fréquence et la rapidité des voyages permirent de créer des services réservés exclusivement aux passagers et alors les droits ne furent plus recouvrés d'après la capacité des bâtiments, mais en raison du nombre de ces passagers eux-mêmes. Tel fut le sens de la décision ministérielle du 13 Mars 1832, en vertu de laquelle la taxe fut perçue à raison d'un tonneau de jauge par passager se trouvant à bord. Toutefois, lorsqu'il y avait fausse déclaration en nombre, débarquement clandestin, ou encore opération commerciale, le droit devenait exigible sur le tonnage entier. Il l'était encore d'après ce tonnage, mais cette fois, par une disposition toute en faveur de la navigation, si le nombre des passagers dépassait le chiffre de tonneaux constatés à la jauge (1).

1. Les métaux précieux monnayés ou en lingots, (Déc. Min. du 9 Octobre 1855) n'étaient pas considérés comme marchandise, pas

La franchise des droits de tonnage était accordée aux navires de guerre de toutes les nations, et par assimilation avec ces derniers, étendue aux paquebots nationaux, belges, anglais et italiens (1) appartenant à l'Etat, frétés ou subventionnés par lui pour l'exécution du service postal. Ces bâtiments étaient en outre autorisés à embarquer et à débarquer des passagers avec leurs effets, des matières d'or et d'argent, sans perdre le bénéfice de cette situation privilégiée. Ceux de France et d'Angleterre furent même admis à transporter les échantillons et colis de messageries d'un poids maximum de 6 kg. 25 décagrammes. (Déc. min. du 9 Février 1850).

Enfin les embarcations de plaisance et les yachts français, munis d'un acte authentique établissant leur qualité, et ne se livrant à aucun trafic ou ne laissant aucun de leurs passagers à terre, furent également exemptés du paiement de la taxe. En vertu d'accords diplomatiques fondés sur la réciprocité, les bâtiments du même genre, d'Angleterre, de Russie, des Pays-Bas,

plus que les effets ou les chevaux et voitures à l'usage personnel des passagers, pourvu qu'ils fussent sur le même bâtiment qu'eux. Mais en ce qui concerne ces équipages, la décision ministérielle du 24 Février 1837, ordonna qu'un cheval équivaudrait à deux tonneaux de jauge, une voiture à deux roues, à trois, et une voiture à plus de deux roues à quatre tonneaux. Ces diverses dispositions s'appliquèrent aussi bien à l'Algérie qu'à la métropole.

1. Loi du 22 Juin 1846, art. 4 ; déc. min. du 9 Février 1850 ; traités des 4 Septembre 1860 et 30 Janvier 1863.

du Danemark, de Belgique, des villes libres et de certains duchés allemands, bénéficièrent aussi de ce
régime de faveur.

CHAPITRE V

Après avoir exposé les phases de notre législation en
matière de droits de tonnage, il convient d'en examiner
les résultats. Ceux-ci peuvent donner lieu à des obser-
vations d'ordre bien distinct, soit que l'on considère les
services rendus à notre marine marchande, soit qu'on
recherche seulement la productivité des taxes de tonnage en tant qu'impôt. Il est assez malaisé de dégager
la part exacte qui leur revient dans l'accroissement de
notre navigation, parce qu'elles furent de tout temps
liées à des systèmes complexes tendant à favoriser
notre pavillon par de multiples avantages : c'est ainsi
que sans nous attacher à d'autres faits, les droits de

douane frappant à l'entrée les marchandises étrangères étaient plus élevés lorsque l'importation en était effectuée par des bâtiments étrangers. A ces surtaxes de pavillon, déjà pratiquées sous l'Ancien Régime, et indépendantes des droits *d'abord* recouvrés sur les navires étrangers arrivant dans nos ports, il faut joindre les dispositions de l'Acte de Navigation prohibant l'importation sous pavillon tiers (art. 3) et celles réservant à nos propres navires le cabotage et lui maintenant le privilège de l'intercourse colonial (art. 4). Il n'est donc pas douteux que cet ensemble de mesures concourût plus efficacement encore que la création de droits de tonnage à la prospérité de notre marine, et les faits mêmes permettent d'affirmer que ces derniers ne jouèrent à aucun moment le rôle prépondérant qu'on avait attendu de leur établissement. Déjà, sous Colbert, on avait dû se départir de la rigueur des principes en faveur des nations avec lesquelles les relations commerciales étaient alors le plus fréquentes, et dans le cours du xviiie siècle, les traités divers avaient, comme nous l'avons montré, peu à peu emporté ce qui subsistait du droit, si bien qu'à la veille de la Révolution, l'idée seule en était demeurée intacte, tant la perception en comportait de privilèges. Pour ce motif, et aussi en raison des guerres malheureuses du règne de Louis XV, les étrangers avaient fini par regagner le terrain que leur avait fait perdre la politique de Colbert, et nos échanges par voie de mer se trouvaient presqu'en-

tièrement entre leurs mains (1). L'Acte de Navigation
eut pour but de remédier à cet état de choses,et c'est de
lui que découle en partie la prospérité que connut pendant de longues années notre marine. Si depuis, on a
été amené à le critiquer vivement, surtout en ce qui
touche à la sévérité de nos règlements en matière de
francisation, du moins n'a-t-on jamais adressé de sérieux reproches au décret du 18 Octobre 1793 (27 vend.
an II) qui le compléta,en remplaçant les anciennes taxes
de navigation si diversifiées,par un droit uniforme. Ce
décret a été inspiré en effet par un esprit de protection
éclairé et logique : favorable au pavillon national, il
le faisait néanmoins contribuer aux charges du pays en
échange des avantages que lui assurait le privilège du
cabotage (2). Il frappait d'ailleurs les bâtiments étrangers sans exagération, puisque de tous les tarifs autrefois usités, il avait choisi le plus réduit: en outre, son
interprétation s'était pliée aux circonstances avec une
facilité qui lui enlevait tout ce que ses dispositions semblaient offrir de trop rigoureux. Enfin, au retour de
la paix, le Gouvernement de la Restauration, tout en

1. « Au XVIIIme siècle, les vaisseaux étrangers firent une grande
partie de nos transports ; les moyens employés pour augmenter
notre navigation, trompèrent les espérances du Gouvernement ».
Devaux, *Code raisonné de Navigation*, p. 11.

2. Cette disposition fut effacée par l'art. 20 de la loi du 6 Mai
1841, ainsi conçu : « L'exemption du droit de tonnage... sera éten-
« due : 1⁰ aux bâtiments qui font le cabotage d'un port à l'autre du
« royaume ; 2⁰ à ceux qui arrivent des possessions françaises d'ou-
« tre mer. »

adoptant une législation douanière inspirée par le souci
de mettre l'industrie et le commerce nationaux à l'abri
de la concurrence, entra, relativement aux taxes de
tonnage, dans la voie des concessions diplomatiques
où le suivirent tout les régimes jusqu'en 1860. Les
privilèges d'une navigation en certains cas réservée
d'une part, et, dans la navigation de concurrence, les
surtaxes de pavillon, le système de droits différentiels
appliqués aux marchandises importées par navires
français, suivant que leur pays de provenance était plus
ou moins éloigné de nos ports d'autre part, avaient
largement contribué à notre expansion maritime. Toutefois ces mesures se fussent tournées contre nous en
tendant à nous isoler, si des traités favorables aux
puissances étrangères n'étaient venus en atténuer l'effet. Ils offraient, il est vrai, l'inconvénient de laisser
nos armateurs désarmés en face de la concurrence,
mais par suite de la clause de réciprocité qu'ils stipu-
laient, ils présentaient cependant l'avantage de permettre à notre industrie de transports par mer de s'exer-
cer avec succès dans les pays tributaires des produits
manufacturés européens, ou dans ceux qui n'avaient
point une marine suffisante pour satisfaire à leurs propres besoins. Les conventions avec les Etats-Unis et la
Grande-Bretagne furent cependant vivement critiquées :
la première, en affranchissant les navires de l'Union de
toute taxe, moyennant un droit fixe de 5 fr. par tonneau, les plaça dans une situation si particulièrement

favorable, que, tandis que dans l'intercourse direct, le pavillon français figure seulement pour 32.470 tonnes en moyenne, nous voyons les navires américains représenter chez nous un mouvement moyen de 269.730 tonnes (1). Pour l'Angleterre, notre part fut plus avantageuse et le tiers environ du mouvement maritime entre les deux pays revint à nos bâtiments sans que nos succès aient jamais pu contrebalancer les progrès incessants de la flotte commerciale anglaise.

Les autres traités ne nous retiendront pas : ceux passés avec des puissances secondaires nous furent favorables, et quant à la Russie, à l'Italie, à l'Allemagne, leur effort vers les choses de la mer était encore trop récent pour que nous puissions le regarder avec inquiétude. Aussi, dans la même période (2), la part de notre pavillon dans la navigation de concurrence, passa de 699.000 à 3.697.000 tonnes, en chiffres ronds, soit une augmentation supérieure au quintuple. Nous ne sommes certainement pas tentés d'appliquer au seul effet des droits de tonnage le mérite de cette progression, d'autant qu'ils n'étaient point perçus à Marseille, sans que ce port cessât d'occuper la première place entre tous ceux de notre pays (3).

1. Chiffres empruntés au *Tableau du Commerce de la France*, pour la période qui s'étend de 1827 à 1866. — Amé, *Étude écmomique sur les Tarifs de Douanes*.

2. De 1827 à 1866.

3. L'Ordonnance du 10 sptembre 1817 avait affranchi du droit de tonnage, les navires de tout pavillon à Marseille. Le mouvement de

Il ressort, en définitive, de ces divers éléments, que notre marine ne doit pas demander sa prospérité aux seuls droits de tonnage, car on ne saurait jamais les élever assez pour atteindre ce but ; mais, en certaines circonstances, leur utilité n'en est pas moins démontrée parce qu'ils permettent, lorsqu'on sait s'en servir ou en faire à propos l'abandon, d'obtenir à l'étranger des concessions semblables ou équivalentes qui mettent pour le moins notre pavillon à l'abri de la défaveur, s'ils ne suffisent point à en écarter la concurrence.

Il est moins intéressant de suivre la productivité de ces taxes, puisque leur but n'était pas tant d'augmenter les ressources de l'État que d'assurer à notre marine une supériorité sur celle des autres nations. A l'origine, la perception en fut si mal recouvrée, qu'elles étaient déjà tombées en désuétude lorsque, moins de soixante ans après leur création, Fouquet les remit en vigueur. L'exacte administration de Colbert en porta le produit annuel à 600.000 livres environ ; mais après lui, les exemptions de toute nature que multiplia le xviiie siècle, et le désordre de nos finances, les réduisit à une somme insignifiante. A peine donnaient-elles 30.000 livres au moment de la Révolution. Nous savons avec quelle négligence les receveurs élus, institués par la Constituante pour les percevoir, s'acquittèrent de leur office, et ce n'est qu'à dater du jour où elles furent

ce port n'en passa pas moins, sans y compter le cabotage, de 449.000 tx. en 1827 à 2.525.000 tx. en 1866.

confiées à l'Administration des Douanes, que le recouvrement s'en opéra avec régularité. Encore est-il diffi-
cile d'en connaître exactement le produit jusqu'au jour
où, par les soins de cette même administration, fut
publié le *Tableau du Commerce de la France*, parce
qu'on les confondait avec toutes les autres taxes dont
était grevée la marine marchande (droits de francisation, transferts de propriété des navires, congés, passe-
ports, etc.). Mais la publication des documents officiels
douaniers permet depuis 1827 d'en déterminer le produit certain. Il ressort au chiffre moyen de 1.925.000 fr.
environ, et présente une progression constante qu'ex-
plique l'accroissement du mouvement maritime ; nous
le trouvons en effet presque doublé dans l'espace de qua-
rante ans, puisque de 1.605.000 fr., où il était au début, il s'élève à 2.796.000 fr. au moment de la suppression.

Ainsi s'achève la première partie de notre étude.
Elle se réfère à une institution qui, par l'intention dont
elle s'inspirait et par sa durée, méritait à tous égards
de fixer notre attention. Elle disparut en 1866, sans que
cette disparition ait fait naître de sérieux reproches.
La loi du 19 Mai 1866 qui effaçait toute trace de protection pour notre marine fut adoptée malgré la résistance
des Chambres de commerce et des armateurs les plus
éclairés. Ces derniers, effrayés de l'expansion maritime
de nos voisins d'outre-Manche, répugnaient à se lancer
dans un inconnu qui leur paraissait gros de périls ;

l'événement du reste justifia ces appréhensions. Les compagnies les plus progressistes, celles de Marseille et de Bordeaux, attirées de longue date vers les principes de la liberté commerciale, en raison de leur situation exceptionnelle et de la tradition historique (1) demandaient au moins à ce que le danger de la transition entre le régime en vigueur et celui de la libre concurrence fût amoindri par des étapes successives. Tel fut le sens de la laborieuse enquête qui précéda le vote de la loi (Enq. du 2 Juin 1862 au 23 Novembre 1864). Cependant, il faut bien convenir que, de toutes les réformes qu'apportait la législation nouvelle, aucune ne fut plus facilement admise que celle tendant à la suppression des droits de tonnage. On sentait en effet, qu'ils ne constituaient plus qu'une barrière bien fragile pour protéger notre marine, tant on avait multiplié par traités, l'assimilation des bâtiments étrangers à notre propre pavillon.

1. Bordeaux, débouché du commerce des vins et spiritueux de la région, possède le meilleur élément de fret de sortie. Marseille a toujours été entraînée vers les idées de liberté commerciale, en raison des faveurs particulières dont elle avait joui sous l'ancienne monarchie aussi bien qu'à cette époque. Cf. Duthoya, *Villes Franches, Ports Francs et entrepôts de Douane.*

CHAPITRE VI

La loi de 1866 eût dès son application les plus fâcheux résultats, et notre Marine marchande commença à présenter les signes d'une décadence que vint encore aggraver le retrait des surtaxes de pavillon (1).

Des protestations se firent alors entendre de toutes parts ; dans les villes maritimes des comités s'organisè-

1. Loi du 19 Mai 1866, art. 5. « Trois ans après la promulgation de la présente loi, les surtaxes de pavillon aujourd'hui applicables aux produits importés des pays de production autrement que par navires français, seront supprimées ».

rent et se joignirent aux Chambres de commerce pour demander avec insistance au Gouvernement de provoquer auprès du Parlement une enquête susceptible d'étudier ce qu'il y avait de fondé dans les réclamations, et capables d'obtenir du Corps Législatif le retrait d'une législation si préjudiciable à nos intérêts. Ces pétitions signalant la part prépondérante prise par les pavillons étrangers dans le transport de notre fret de sortie, faisaient observer que « la réciprocité promise était tout à fait illusoire, les frais pour nos « navires dans les ports étrangers, étant demeurés ce « qu'ils étaient autrefois, ou à peu près (1). »

Le gouvernement ému d'un mouvement d'opinion si profond, nomma, en effet, une grande Commission parlementaire, chargée de s'éclairer auprès des personnes que leur situation appelait à connaître particulièrement la question. Une série de demandes précises fut envoyée aux Chambres de commerce, aux Sociétés de navigation et aux armateurs, pour permettre de rechercher avec les causes d'une crise trop évidente, les moyens propres à y porter remède. Les travaux de cette Commission, commencés le 28 Mars 1870 eurent une remarquable amplour ; tout ce qui intéressait le sort de notre navigation de commerce y fut discuté par les hommes les plus compétents avec la plus entière indépendance. Le recrutement de nos marins,

1. Manifeste de la Marine marchande du port de Boulogne (2 Janvier 1870).

la question du fret de sortie, les conditions de construction, de francisation, de transfert de propriété des
navires, l'importance des bâtiments à voiles et l'avenir
de la marine à vapeur, les facilités accordées aux compagnies étrangères et aux navires en escale, la liberté
du courtage, les intérêts de la pêche et du cabotage y
furent successivement étudiés, aussi bien que l'opportunité du maintien des surtaxes de pavillon, d'entrepôt,
et des droits de tonnage. En ce qui concerne ces derniers, libre-échangistes et partisans de la protection
furent d'accord pour convenir que leur suppression
avait été une duperie, parce que, malgré les engagements pris, les puissances étrangères avaient fait en
sorte de ne point accorder à nos bâtiments les mêmes
avantages. « La marine française, dit M. Lagarde, de
« Marseille, a été engagée dans la lutte avec des condi-
« tions d'inégalité, parce que la France libérale vis-à-
« vis de l'étranger. n'a pas exigé ou n'a pas obtenu
« pour sa propre marine la réciprocité des avantages
« qu'elle concédait, et parce que, même parmi les na-
« tions qui ont accepté l'assimilation des pavillons, il
« existe pour notre marine à l'étranger des charges
« qui sont considérables et qui nous grèvent lourde-
« ment (1). » L'Association du libre-échange de Bordeaux émet l'avis « que la réciprocité soit énergiquement
« exigée de toutes les nations auxquelles l'égalité de

1. *Enquête parlementaire de 1870. Compte rendu sténographique*,
p. 181.

« traitement en France est offerte par cette loi (1) ».
Enfin, M. Félix Faure, délégué de la Société pour la
défense des intérêts commerciaux et industriels du
Havre, se prononça en ce sens : « Nous voudrions que
« le Gouvernement demandât la réciprocité aux nations
« étrangères qui, par des réglementations locales,
« savent faire supporter à notre pavillon divers frais,
« qui finissent par mettre nos armateurs dans une po-
« sition inférieure à celle des étrangers. Le Gouverne-
« ment a en main le droit de représailles et doit
« s'en servir ; si nous voulons la plus grande liberté,
« nous voulons aussi l'égalité (2) ».

Les nations étrangères nous avaient, en effet, leurrés,
car tandis que nos ports étaient libéralement ouverts à
tous les pavillons, l'Angleterre avec ses taxes locales
et les Etats-Unis, prétendant ne pouvoir intervenir
auprès des Compagnies concessionnaires des ports,
grevaient nos bâtiments de lourdes charges ; l'Espagne
elle-même interprétait le Pacte de Famille dans son seul
intérêt et, n'admettant point l'égalité du pavillon français avec le sien, prétendait nous interdire chez elle la
faculté du cabotage, alors qu'elle en jouissait sur nos
côtes. Si les libre-échangistes eux-mêmes invoquaient
de tels arguments, les partisans d'un système protec-

1. *Enquête parlementaire de 1870. Compte rendu sténographique,*
p. 526.
2. *Enquête parlementaire de 1870. Compte rendu sténographique,*
p. 1158.

teur ne manquaient pas d'y acquiescer, et ajoutaient
que la suppression des droits, avait favorisé les pavillons étrangers, notamment dans la Manche. « La sup-
« pression du droit de tonnage a eu pour conséquence
« immédiate que tous nos transports de bois, de fer,
« de chanvre, se font maintenant par navires étran-
« gers » (1).

Il est à présumer que ces vœux eussent été entendus,
mais les malheurs de la guerre, emportèrent le régime
impérial et laissèrent à l'Assemblée Nationale le soin
de rechercher à la fois les moyens de relever le pays et
de faire face aux charges énormes qui lui étaient imposées. A ce titre, la Commission du budget de 1872,
appelée à se prononcer sur la création de nouveaux
impôts et sur le rétablissement de taxes abandonnées,
confia à M. Ancel, l'un de ses membres, le soin d'établir la part que l'on pouvait obtenir de la Marine marchande. Toutefois, les faits mis en lumière par l'enquête de 1870 ne permettaient point de songer à lui
imposer des charges, sans chercher à lui assurer des
compensations, et l'essai de liberté n'ayant pas amené
les résultats que s'en était promis le Gouvernement
précédent, il se produisit une réaction favorable, au
protectionnisme. Le rétablissement des surtaxes de
pavillon et d'entrepôt en fut la conséquence, tandis que

1. *Enquête parlementaire de 1870. Compte rendu sténographique,*
p. 951. Déposition de M. Le Pomellec, armateur à Saint-Malo. Les
travaux de la Commission furent terminés le 23 Janvier 1870.

les droits de tonnage projetés, eurent seulement dans la pensée du Gouvernement, le caractère d'une charge supportée avec égalité par les navires de tout pavillon, et destinée à fournir au budget un élément de recette déjà éprouvé et facilement perçu. Lorsque, antérieurement, ces droits frappaient avec plus de rigueur les bâtiments étrangers que les navires français, leur caractère de taxe de protection ne pouvait être douteux ; au cas présent, il fallait avant tout obtenir l'égalité des pavillons devant l'impôt rétabli pour le rendre réellement productif, faute de quoi, les traités en vigueur assurant aux bâtiments de presque toutes les grandes puissances maritimes le traitement national, le produit du droit se fut trouvé presque nul. Aussi, le rapporteur, naguère encore membre de la Commission parlementaire, et connaissant ainsi les griefs de nos armateurs contre le maintien à l'étranger de taxes locales frappant nos navires en dépit des clauses de réciprocité stipulées dans les Conventions, eut-il soin de présenter les droits projetés comme le prix des services rendus par l'Etat pour l'usage des ouvrages propres à assurer la sécurité de la navigation et la commodité du commerce. « Il semble, dit-il, que le produit « du droit de tonnage devrait être appliqué toujours à « l'entretien et à l'amélioration des ports, et dans cet « ordre d'idées, il est équitable que les navires natio- « naux eux-mêmes n'en soient point exempts, puis- « qu'ils profitent du service rendu par l'Etat, qui est

« chargé de cet entretien. » (M. Ancel, rapport déposé à la Commission du budget le 10 Août 1871. *Journ. Off.*, du 8 Septembre). Mais nous avons établi au début de cette étude, et la discussion de la loi prouva surabondamment que ce moyen de justifier le retour aux taxes de tonnage était de pure forme, et que jamais l'Etat ne s'en fut prévalu, s'il n'avait subi l'impérieuse nécessité d'augmenter le nombre et le rendement des impôts (1).

Le projet de loi ainsi présenté, vint en discussion devant l'Assemblée Nationale, le 24 Janvier 1872. Ses adversaires eux-mêmes ne soulevèrent que peu d'objections relativement aux droits de quai. Tombant d'accord sur ce que l'étranger n'avait point donné à nos bâtiments les franchises de droits qu'il y avait lieu d'en attendre, ils admirent, après quelques réserves, le principe d'une taxe modérée, appliquée à tous les navires sans distinction de nationalité. Retenons toutefois une observation d'un député des Bouches-du-Rhône' M. Clapier, qui ne fut point prise en considération à cette époque, bien qu'on l'appliquât en Algérie depuis 1863, mais où nous trouvons exposés les principes qui ont conduit à la législation actuellement en vigueur. « Il est extraordinaire de taxer la capacité elle même

---

1. « Le droit de quai est comme le droit de statistique une taxe purement fiscale qui ne représente pas plus le prix de l'usage des quais et bassins de nos ports, que le droit de statistique ne représente le coût de remboursement de la statistique douanière. » J. Charles Roux *Notre Marine marchande.*

« des navires, disait-il. Je n'ai pas besoin d'insister
« sur l'inconvénient que cela entraîne : lorsqu'un
« navire arrive avec son plein chargement, il paie son
« droit de tonnage et cela n'offre pas de difficultés, car
« il se récupère sur les marchandises. Lorsqu'il est sur
« lest, il ne paie pas ; mais lorsqu'il n'est chargé qu'en
« partie, il paie son droit de tonnage comme pour la
« totalité. Or, un navire chargé en partie, peut ne l'être
« que dans une bien faible proportion. Il peut avoir
« une portion considérable de vide et pourtant il paiera
« pour ce vide comme s'il était plein, et il paiera de
« manière à ne pouvoir se récupérer sur les marchan-
« dises (1). »

Le projet du Gouvernement fut en somme voté sans
modifications, l'Assemblée Nationale ayant, sur les ins-
tances du Ministre des Finances, rejeté un amendement
tendant à ne faire payer qu'une fois par mois, la taxe
de cinquante centimes, quel que fut le nombre des
voyages effectués dans ce laps de temps. Devenu l'article 6 de la loi du 30 Janvier 1872, il se trouva ainsi
formulé.

« Art. 6. — Les navires de tout pavillon, venant de
« l'étranger ou des colonies et possessions françaises,
« chargés en totalité ou en partie, acquitteront pour

1. Dès le xviiie siècle, cet inconvénient avait été signalé. « Il se
« présente une observation très naturelle au sujet du droit de fret,
« c'est que sa quotité est mal combinée et mal assise en ce qu'elle
« porte sur la contenance des vaisseaux au lieu qu'elle devrait être
« proportionnée à la valeur des marchandises. » *Encyclopédie méthodique des finances, article Fret.*

« frais de quai, une taxe fixée par tonneau de jauge,
« savoir :

« Pour les provenances des pays d'Europe ou du
« bassin de la Méditerranée, à 50 centimes ;

« Pour les arrivages de tous autres pays, 1 franc.

« En cas d'escales successives dans plusieurs ports
« pour le même voyage, le droit ne sera payé qu'à la
« douane de prime-abord ».

En vertu de ce texte, la douane restant chargée du
recouvrement des droits rétablis, n'eut pas à les exiger
des navires venant sur lest, ni de ceux se livrant au
cabotage ; à ces derniers, furent assimilés les bâtiments
armés pour la pêche sous pavillon français. Cette
exemption fut étendue comme par le passé aux navires
de guerre, aux yachts de plaisance, et aux bâtiments
en relâche volontaire ou forcée, ne se livrant à aucune
opération commerciale.

La Commission du budget avait entendu que des to-
lérances analogues à celles qui existaient dans la perception des anciens droits de tonnage, fussent accordées aux navires exclusivement employés au transport
des voyageurs. En conséquence, les paquebots à vapeur
faisant escale sur nos côtes, profitèrent des dispositions
que nous avons précédemment signalées, et qui sub-
stituaient au paiement de la taxe basé sur la capacité
des navires, le recouvrement établi suivant le nombre
de passagers embarqués ou débarqués. Le transport
même de marchandises ne mit pas obstacle au traite-

ment particulier dont les paquebots étaient l'objet, à la condition cependant que le poids de ces marchandises apportées, fut inférieur au dixième du tonnage légal des bâtiments. En ce cas, elles concourraient comme les passagers eux-mêmes et leurs chevaux et voitures à l'établissement de la quotité du droit exigible, à raison de 500 kilos tenus pour équivalents à un tonneau de jauge (Loi du 29 Juillet 1881).

Si l'application de la loi de 1872, n'offre pas de particularités remarquables en ce qui touche la métropole, il n'en va pas de même relativement à l'Algérie. Trois ans à peine après sa promulgation, elle fut modifiée dans cette colonie à la suite des circonstances suivantes. Le Gouvernement étant entré en négociations avec une Compagnie de navigation anglaise, la « *British India steam Navigation Company* », pour l'établissement d'un service régulier entre Londres et nos possessions de l'Océan Indien par le canal de Suez et la mer Rouge, demanda à cette compagnie de créer une escale à Alger. La Compagnie objecta que, dans l'état actuel de la législation, elle ne pouvait souscrire à cette condition, l'escale projetée devant la grever de 54 000 fr de frais annuels, en raison des seuls droits de quai. Le Gouvernement se trouvait ainsi dans l'obligation de renoncer à un projet favorable à notre colonie, ou de subventionner une société étrangère, ou bien encore, répondant en ce point aux pressantes sollicitations du Gouverneur Général de l'Algérie, de modifier la législation en vigueur, dans le sens de la loi de 1863. Il prit ce dernier parti, et, estimant qu'un pays en voie de formation devait, avant tout, chercher à écouler ses produits et à développer ses ressources agricoles et commerciales, il soumit à l'Assemblée Nationale, un projet plus large encore que la loi précitée, tendant à faire percevoir le droit de quai sur les seules marchandises *débarquées*, à l'exclusion du fret chargé en Algérie même. Ce projet adopté, devint la loi du 20 Mars 1875, ainsi conçue :

« Article 1er. — Le droit de quai de 50 centimes ou « de 1 franc par tonneau de jauge, établi par la loi du « 30 Janvier 1872, sera perçu dans les ports de l'Algé- « rie par tonneau d'affrètement sur les marchandises « débarquées. »

Il n'était pas d'ailleurs spécifié, comme dans la disposition de l'art. 3 de la loi du 23 Mai 1863, qu'en aucun cas les droits perçus dussent être inférieurs ou au plus égaux à ceux qu'eût fait recouvrer l'application du régime antérieur. La loi du 12 Mars 1877 eut pour effet de combler cette lacune.

Jusqu'en 1889, l'intercourse entre la France et l'Algérie ne fut l'objet d'aucune restriction et demeura régi par l'art. 9 *in principio*, de la loi du 19 Mai 1866 (1).

Mais à cette époque, une loi du 2 Avril réserva au

____

« 1. La navigation entre la France et l'Algérie et entre l'Algérie et « la France, pourra s'effectuer par tous les pavillons... » L. 19 Mai 1668, art. 9, *in principio*.

pavillon national le privilège des relations entre les deux pays, sans que d'ailleurs cette faveur produisit en matière de droits de quai les effets que la loi du 30 Janvier 1872 avait spécifié pour le cabotage entre ports métropolitains.

Il semble qu'en vertu de cette loi, il eut fallu en revenir purement et simplement à l'application de l'art 8 de la loi du 11 Janvier 1851, confirmant l'art. 1er de l'Ordonnance du 16 Décembre 1843, et réserver au seul pavillon national, sauf les cas d'urgence ou de nécessité absolue, la navigation entre la France et l'Algérie.

Il n'en fut toutefois pas ainsi, car aussi bien des travaux préparatoires de cette loi que de sa discussion au Parlement, il résulte que l'interdiction ne s'étendit qu'aux pays non contractants. L'exposé des motifs s'exprime, en effet, en ces termes : « La mesure ne « produira son effet qu'après le 1er Février 1892, date « de l'échéance des traités de commerce et de naviga- « tion qui accordent aux États contractants le bénéfice « de la disposition inscrite dans l'art. 9 de la loi du « 19 Mai 1866 ». Mais c'était là une erreur, car la navigation interméditerranéenne devenant un véritable cabotage, il n'y avait aucune raison pour y admettre les États contractants, pas plus qu'on ne les autorise à se livrer à ce genre de transport dans la métropole. Ils bénéficièrent toutefois de l'erreur où était tombé le législateur, et en fait, cette loi du 2 Avril 1889 resta lettre morte, car à la date du 1er Février 1892, la convention avec l'Angleterre n'ayant pas été dénoncée, on dut reconnaître qu'elle ne pouvait être exécutée. Les bâtiments anglais continuèrent donc à se livrer à l'intercourse, et en vertu de la clause de la nation la plus favorisée, leur privilège s'étendit aux navires danois(1), allemands (2), russes (3), austro-hongrois (4), et suédois et norwégiens (5).

Mais en vertu d'une décision, dont avis fut inséré au *Journal Officiel* le 4 Septembre 1893, la loi de 1889 dut recevoir son application intégrale à compter du 4 Octobre suivant, et depuis cette époque, la navigation entre la métropole et l'Algérie constitue un des privilèges réservés au pavillon national (6).

L'interprétation de la loi de 1872 donna lieu, en ce qui concerne l'Algérie, à une controverse intéressante. On a soutenu que puisqu'elle était appliquée dans la colonie, les ports algériens devaient être assimilés aux ports français eux-mêmes, et que par suite, les navires de provenance algérienne ne devaient point être considérés comme venant d'une colonie ou d'une possession française, mais comme ayant opéré un voyage constituant un véritable acte de cabotage. Admise par la Cour

1. Traité de navigation du 9 Février 1842, art. 7.
2. Traité de Francfort, 10 Mai 1871.
3. Traité du 1er Avril 1874, art. 7.
4. Traité du 9 Avril 1884, art. 3.
5. Traité du 13 Janvier 1892, art. 2, prorogeant l'art. 2 du traité du 30 Décembre 1881.
6. V. Pandectes françaises, art. Cabotage, nos 205 à 209.

d'Aix, cette théorie fut repoussée une première fois le
5 Juin 1879, par la Cour de Cassation, sur conclusions
de M. l'avocat général A. Desjardins. Il déclara que
l'Algérie était une possession française au sens donné
à ces termes par le texte de 1872, et que par suite,
les navires en provenant, étaient passibles de droits de
quai, sans qu'il y eût à tenir compte de la perception
qui avait pu avoir lieu de ce chef, dans les ports algériens. Cette doctrine fut confirmée par la Cour, toutes
chambres réunies, par Arrêt du 22 Juillet 1881 (1). Il
va de soi que par contre, les navires, allant de France
en Algérie ne payaient aucun droit de quai, puisque la
loi n'avait entendu soumettre à cette taxe que les bâtiments chargés en provenance de l'étranger, des colonies ou possessions françaises, et non point ceux qui
quittaient nos ports.

Toutefois, si la navigation franco-algérienne comportait des escales, en Espagne par exemple, les droits
étaient perçus en Algérie, d'après le nombre de passagers embarqués dans ces escales. Enfin on doit envi-
sager le cas où un bâtiment était expédié de l'étranger
en Algérie, avec escale en France, ou inversement :
alors si le droit perçu au port d'escale était supérieur
ou au moins égal à celui dont le recouvrement eût été
exigible à destination, le point d'escale était considéré
comme port de prime abord, et par suite l'obligation
imposée par la loi étant remplie, il n'y avait plus lieu de

1. Sirey, 1879, I, p. 148 ; 1882, I, p. 121.

rien demander à l'arrivée définitive ; au cas inverse, lorsque la somme perçue en Algérie, en vertu des dispositions de la loi du 20 Mars 1875, était inférieure à celle qu'on eût recouvrée en France, le complément de taxe devait être exigé à l'arrivée dans le port métropolitain où s'achevait le voyage

Au reste, la perception de droit de quai en Algérie fut remise sous l'empire du droit commun, c'est-à-dire replacée sous le régime édicté par la loi de 1872, à compter du 1er Janvier 1896 (Loi portant fixation du budget général des recettes de l'exercice 1896, art. 14) (1). Les prescriptions relatives aux paquebots affectés au transports des voyageurs, continuèrent toutefois à s'y appliquer. Ce même article 14 exemptait en outre du paiement de la taxe la navigation entre la France et l'Algérie, sans faire aucune réserve; par suite, il n'y eut plus lieu de percevoir le droit sur les navires venant de la colonie dans nos ports.

La loi de 1872 n'apporta point de modifications aux conventions internationales, dont la plupart furent renouvelées avant de venir à échéance; l'égalité complète de tous les bâtiments devant l'impôt, enlevant tout intérêt aux privilèges de la nation la plus favorisée et de l'assimilation au pavillon national, l'application de la loi

« 1. Art. 14. — Le droit de quai tel qu'il est établi par l'art. 6 de
« la loi du 30 Janvier 1872, sera perçu dans les ports de l'Algérie.
« — La navigation entre la France et l'Algérie sera exempte de ce
« droit. — Les lois du 20 Mars 1875 et 12 Mars 1877 sont abrogées. »

ne donna pas lieu à des réclamations diplomatiques qui se fussent trouvées sans objet. Cependant à la suite d'incidents dont l'étude déborderait le cadre de notre travail, la convention de commerce et de navigation conclue avec l'Italie le 13 Juin 1862 et prorogée le 3 Novembre 1881, cessa d'être en vigueur à partir du 16 Juillet 1886. La dénonciation de cette convention amena entre les deux nations, une tension de rapports d'autant plus rigoureuse que jusqu'alors elles s'étaient traitées avec une plus grande bienveillance réciproque. Non seulement le tarif maximum appliqué aux produits italiens, entraina un ralentissement d'affaires équivalant presque à la rupture complète des relations commerciales, mais la marine italienne, jusqu'alors favorisée au point de pouvoir concourir avec la nôtre au cabotage sur nos côtes de la Méditerranée, fut frappée de surtaxes élevées, sans préjudice des droits de quai, qui ne cessèrent pas de lui être appliqués. Usant de la faculté que lui conférait l'article 6 de la loi de 1866 (1) le Gouvernement rendit le décret suivant :

1. Article 6. « Dans le cas où le pavillon français serait dans un pays étranger soumis au profit du Gouvernement, des villes ou des corporations, soit directement, soit indirectement, pour la navigation, l'importation ou l'exportation des marchandises, à des droits ou des charges quelconques dont les bâtiments dudit pays seraient exempts, des décrets impériaux pourront établir sur les bâtiments de ladite nation entrant dans les ports de l'empire, d'une colonie ou d'une possession française et sur les marchandises qu'ils ont à bord, tels droits ou surtaxes qui seraient jugées nécessaires pour compenser le désavantage dont le pavillon français serait frappé. » Loi du 19 mai 1866.

« Article 1er.—Il sera perçu dans les ports de France
« et d'Algérie sur les navires italiens, indépendam-
« ment des droits de quai actuellement applicables,
« les surtaxes déterminées ci-après :

« Navires à vapeur.

« Venant des pays d'Europe, des bassins de la Médi-
« terranée et de la côte du Maroc (de Ceuta à Mogador
« inclusivement), 1 fr. 50 par tonneau de jauge.

« Venant d'ailleurs, 1 franc par tonneau de jauge.

« Ayant fait escale dans un port français, 2 francs
« par tonneau de jauge.

« Navires à voiles. — De plus de 100 tonneaux.

« Employés à la navigation de la mer Méditerranée,
« dans les limites des détroits de Gibraltar, des Darda-
« nelles et du canal de Suez, 0,70 par tonneau de jauge.

« De plus de 100 tonneaux.

« Venant des autres ports de la Méditerranée, des pays
« d'Europe ou de la côte du Maroc (de Ceuta à Moga-
« dor inclusivement), 1 fr. 10 par tonneau de jauge.

« Venant d'ailleurs, 0,60 par tonneau de jauge.

« Ayant fait escale dans un port français, 1,20 par
« tonneau de jauge.

« De 100 tonneaux et au-dessous.

« Venant des pays d'Europe, du bassin de la Médi-
« terranée et de la côte du Maroc (de Ceuta à Mogador
« inclusivement), 0,50 par tonneau de jauge.

« Ayant fait escale dans un port français, 1 fr. par
« tonneau de jauge. »

Restaient seuls exemptés de ces surtaxes, les navires
à voiles de 99 tonneaux au plus, venant d'ailleurs que
des pays précités. Ces dispositions conservèrent leur
effet jusqu'au décret du 21 Octobre 1886, qui remit le
pavillon italien sous le régime du droit commun, sans
lui restituer toutefois la faveur du cabotage médi-
terranéen dont jouissaient antérieurement les bâtiments à vapeur.

Il nous reste à présenter une observation relative à
la méthode de jaugeage des bâtiments soumis aux
droits de quai. Les législateurs de la Révolution s'étaient
préoccupés de déterminer d'une manière uniforme et
aussi exacte que possible la contenance des navires.
Les décrets du 18 Octobre 1793 (27 vend. an II) article
34, et du 1ᵉʳ Janvier suivant (12 niv. an II) avaient été
rendus dans ce but. La dernière de ces lois, dont la
formule mathématique était due au géomètre Legendre,
exprimait le nombre de tonneaux de marchandises que
les bâtiments étaient présumés pouvoir prendre à fret.
Les méthodes employées par les autres nations présentant moins d'exactitude, on avait été amené à réduire,
en 1837, d'un sixième, le tonnage officiel ainsi cons-
taté, et le tonnage légal ne s'était plus trouvé représenter
qu'un peu plus de la moitié de la capacité totale des
navires. L'Angleterre étant arrivée à des résultats
plus avantageux et plus en rapport avec la forme
effective des navires et avec le vide réel occasionné sur
les bâtiments à vapeur par l'espace destiné aux soutes

d'approvisionnement et aux machines, au moyen de la méthode « Moorsom », ce système avait fini par être successivement adopté par les principales nations maritimes (1). Frappé de l'utilité que présentait un moyen de mesurage d'un emploi si général, pour la perception de droits calculés sur le tonnage des navires, le Gouvernement rendit obligatoire en France, l'emploi de cette méthode à partir du 1ᵉʳ Juin 1873. (Décrets du 24 Décembre 1872, 24 Mars 1873).

Les résultats de la législation dont nous venons d'étudier les dispositions essentielles, répondirent à l'attente de ses auteurs. Nous avons suffisamment insisté sur les motifs qui déterminèrent le Gouvernement à la proposer et sur le caractère qu'il lui imprima, pour n'avoir plus à y revenir. Le ministre des Finances, auquel incombait la lourde tâche de payer la rançon de nos malheurs, sans écraser le pays de charges qui l'eussent amoindri, l'avait présentée en ces termes à l'Assemblée Nationale : « C'est un droit fiscal, et c'est à « l'Assembée de décider si nous devons renoncer à 6 ou « 7 millions que nous donne cet article (2), et qu'il « nous faudrait demander à d'autres sources de reve- « nus » (M. Pouyer-Quertier, Ass. Nat., séance du 29 Janvier 1872). Ses prévisions ne l'avaient pas trompé : dès la première année, le droit de quai donna plus de

---

1. Allemagne, Autriche, Espagne, Italie, Danemark, Suède, Norwège, Russie, Finlande, Grèce et Pays-Bas.

2. L'article relatif aux droits de quai de la loi du 30 Janvier 1872

4 millions au Trésor, et si, pendant les vingt-six ans que cette taxe fût appliquée conformément aux prescriptions de la loi, nous groupons son produit par périodes quinquennales, nous le voyons en progression constante, passer de 4.189.377 fr. (1872-1876) à 6.288.669 fr. (1877-1881), 7.211.652 fr. (1882-1886) et 8.172.600 fr. (1887-1891), pour fléchir, il est vrai, de 430.227 fr. dans la période suivante (1892-1896) avec 7.742.373 fr., sans que ce chiffre soit du reste inférieur aux prévisions budgétaires

On a prétendu aussi que la loi de 1872 s'était écartée de son but primitif, et avait constitué en fait, une mesure de protection pour notre pavillon, parce que les navires étrangers, soumis aux mêmes taxes que les nôtres, ne venaient le plus souvent dans nos ports que pour y chercher un complément de fret, ou y débarquer une partie de leur cargaison, tandis que nos propres bâtiments, laissaient toujours en France la totalité des marchandises dont ils étaient chargés. Cet argument spécieux a été invoqué pour justifier le système actuellement en vigueur, mais il ne suffit point à changer le caractère de la loi de 1872, et à lui donner une portée économique tout à fait éloignée de l'esprit de ses rédacteurs. D'abord, il y a lieu de remarquer que de nombreux bâtiments français, n'abordaient dans nos ports qu'avec un fret réduit, et, par suite, leur situation se trouvait absolument identique à celle des navires étrangers ne laissant, chez nous, qu'une partie de leur chargement. Nous estimons au contraire que la législation de l'Assemblée Nationale répondît exactement et uniquement à l'objet qu'on en avait attendu : elle présentait l'avantage d'être très simple et par conséquent d'assurer une perception facile de la taxe établie ; elle ne lésait en rien les intérêts du commerce puisqu'il était en mesure d'importer ou d'exporter indifféremment les marchandises sur les bâtiments étrangers ou sur les nôtres, ni les intérêts de notre marine, traitée sur un pied de parfaite égalité avec celles de toutes les nations. Tenant compte, en un mot des circonstances qui les ont fait naître et des résultats qu'on en obtint, nous pensons que les droits de quai ont été l'une des charges les mieux établies parmi celles auxquelles les revers de 1870 nous ont obligé de recourir. Cependant, malgré le bien fondé d'une taxe de ce genre, nous eussions souhaité que l'on pût en affranchir notre industrie des transports maritimes si rigoureusement éprouvée depuis 1866, mais le défaut d'élasticité du budget, ne nous a pas permis, jusqu'à présent, d'accomplir cette réforme.

CHAPITRE VII

OPPOSITION DES INTÉRÊTS DU COMMERCE ET DE CEUX DE LA NAVIGATION. — LOI DU 23 DÉCEMBRE 1897.

Des causes naturelles et économiques tendant à développer sur nos côtes la navigation d'escale : situation géographique ; — exécution de travaux publics dans les ports secondaires. — Intérêt de ces ports.

Proposition de M. André Lebon tendant à modifier la législation de 1872. — Son échec.

Elle est reprise par la Commission du Budget, et insérée dans la Loi de Finances en 1897.

Résistance du Sénat. — Disjonction.

Vote à la Chambre des députés d'une loi spéciale modifiant le régime des droits de quai. — Enquête du Sénat. — Modifications apportées au texte de la Chambre. — Loi du 23 Décembre 1897.

Interprétation de cette loi. — Eléments de la taxe : la provenance du navire ; sa capacité ; la provenance ou la destination des cargaisons. Exemples.

Difficultés soulevées au sujet du calcul du maximum.

Condition des paquebots. — Loi du 23 Mars 1898.

Avant d'aborder la discussion de la loi qui nous régit aujourd'hui, et d'en signaler les conséquences, il convient d'étudier les causes de l'évolution d'une taxe qui, destinée à l'origine à assurer à notre pavillon une situation privilégiée, se trouve en fait, encourager les marines étrangères, par la faveur accordée au commerce des escales.

La situation géographique de la France suffit dans une certaine mesure à expliquer pourquoi les autres nations maritimes cherchèrent de tout temps à s'emparer d'une partie de son trafic. Avec une grande étendue de côtes, qui le portent naturellement à tourner son activité vers le commerce sur mer, notre pays possède un fret de sortie assez restreint, qui, ne comprenant guère de matières de grand encombrement, ne permet pas d'expédier, d'ordinaire, de nombreux navires à plein chargement. Par contre, les bâtiments anglais, suédois, norwégiens, allemands, hollandais ou italiens, qu'ils aillent vers l'Amérique, ou que, franchissant le détroit de Gibraltar et le canal de Suez, ils se dirigent vers l'Orient et les Indes, longent notre littoral de l'Océan et de la Méditerranée, et sont ainsi invités à venir demander à nos ports, le complément de fret qu'ils n'ont point trouvé dans leurs pays respectifs. Dans ces conditions, le commerce d'escales sollicite si vivement les armateurs étrangers que, dans l'intérêt même de son commerce général, la France ne peut le repousser ; aussi avons-nous vu les rigueurs de notre Acte de Navigation recevoir, dès le début du siècle, des tempéraments en conséquence, et le commerce *de cueillette* être facilité, sans que l'on songeât toutefois à mettre les pavillons étrangers et le pavillon national sur le pied d'une complète égalité (Décisions ministérielles des 29 Nov. 1801, 8 frim. an X et 2 Avril 1805, 12 germ. an XIII).

A ces causes naturelles, il faut joindre celles résultant de notre législation économique depuis la chute de Napoléon III. Certes, la loi du 19 Mai 1866, en faisant tomber les barrières qui protégeaient, d'une façon bien faible il est vrai, notre marine, lui avait porté un coup trop rude, pour que, moins de six ans après, on se montrât disposé à attirer dans nos ports les bâtiments étrangers. Lors de la discussion de la loi du 30 Janvier 1872, un membre de l'Assemblée Nationale, M. Montjarret de Kerjégu, tout en s'inclinant devant le principe de l'égalité des pavillons en matière de droit de quai, demanda qu'un droit d'escale de 2 fr. 50 par tonneau de jauge, vint frapper les navires étrangers, qui, chargés en partie déjà dans leurs ports d'origine, viendraient chercher dans les nôtres un supplément de fret ou de passagers. « Je ne veux pas, « disait-il, empêcher les navires étrangers de faciliter « notre commerce général, mais je veux conserver « une marine marchande de long cours à la France, « dont la ruine me paraît certaine dans un avenir « très prochain, si nous n'adoptons pas des mesu- « res très énergiques de protection. » Le Gouvernement ne s'opposait point à la prise en considération de cet amendement ; mais au moment de voter la loi, il fut retiré par son auteur lui-même, en raison des difficultés d'application qu'eût éprouvé ce système à cause des traités de navigation alors existants.

Il était bon d'établir combien, en 1872, l'Assemblée Nationale se montrait peu favorable aux escales de l'étranger. Toutefois cette opinion se modifia assez vite : d'abord les auteurs de la loi eux-mêmes avaient entendu que le principe de la perception du droit en raison de la jauge des navires, ne serait point appliqué aux paquebots : bientôt le Gouvernement prenait l'initiative d'une loi pour permettre au port d'Alger de recevoir les navires d'une Compagnie anglaise (loi du 20 Mars 1875); enfin deux décisions ministérielles consécutives, autorisèrent les paquebots de l' « *Hamburger-American Linie* » touchant à Cherbourg, puis ceux de toutes les autres compagnies entrant dans un de nos ports, à débarquer *au retour* de leur navigation transatlantique, en franchise de droits de quai, une partie de leur chargement, jusqu'à concurrence de trois tonneaux de fret (Déc. ministérielles des 2 Mai et 27 Juin 1878). De plus, le souci d'effacer le souvenir de nos récents revers, avait en 1879, incliné le Parlement à adopter un plan gigantesque de travaux publics, élaboré par M. de Freycinet, et destiné, dans la pensée de son auteur, à nous doter d'un outillage économique de premier ordre et à nous permettre de réunir avec facilité sur l'une quelconque de nos frontières menacées, les forces nécessaires pour repousser une attaque. Ce vaste projet embrassait à la fois le perfectionnement de notre réseau de voies de communication terrestres, de nos canaux et de nos ports.

Pour ces derniers, on pouvait au point de vue économique — le seul que nous ayons à retenir ici — hésiter entre deux systèmes. Mettant à profit le grand mouvement d'affaires existant déjà dans trois ou quatre de nos grandes cités maritimes, on devait être amené à poursuivre avec méthode, l'amélioration de leur aménagement et de leur outillage, en dégageant leur abord pour permettre aux plus grands navires d'y arriver à toute heure (1), en multipliant les bassins et les quais, en les dotant de formes de carénage assez vastes pour que tous les bâtiments y puissent être réparés, en cherchant en un mot à les mettre au niveau des ports d'Anvers, de Rotterdam, de Hambourg et de Gênes vers lesquels se porte à notre détriment la faveur du commerce. Quant aux ports secondaires, placés par la nature même dans la sphère d'influence de leurs voisins, ils eussent tiré leur prospérité du transport du fret régional au port principal, au moyen du cabotage peu coûteux et réservé d'ailleurs au pavillon national. A ce système que recommandait la logique, on préféra celui qui consistait à éparpiller les sommes fournies par l'Etat sur le plus grand nombre, à favoriser les emprunts des villes et des départements, à opposer le nombre à la qualité ; on se flattait ainsi d'opérer à notre profit des marchés de détournement propres à

1. A l'heure actuelle encore, l'accès des ports du Havre et de Bordeaux est interdit, à certains moments, aux bâtiments de fort tonnage.

contrebalancer les succès de nos rivaux. Aussi, tandis que l'Angleterre et l'Allemagne, la Belgique et les Pays-Bas, concentraient toutes leurs forces sur quelques points, nous opposions à cette méthode dont les résultats favorables se faisaient ressentir à nos dépens, la prétention d'avoir chez nous plus de soixante ports, dont chacun se crut appelé à jouer un rôle important. Sans débouchés pour l'exportation, et n'ayant à approvisionner de matières premières importées qu'un petit nombre d'industries régionales, ces ports devaient tout demander au commerce d'escales. Leur intérêt particulier les poussait d'autant plus à attirer les bâtiments sans avoir égard à leur nationalité, que les Chambres de commerce et les villes ayant coopéré aux frais de leur établissement et contribuant encore à leur entretien, étaient autorisées à se couvrir de leurs dépenses par la perception de péages : ainsi le souci des intérêts de notre pavillon leur importait moins que le nombre d'entrées dans leurs bassins, puisque de ces entrées dépendait pour eux la possibilité de se libérer des dettes qu'ils avaient contractées.

Il convient d'ajouter aussi que la perception des droits de quai sur la capacité des navires se justifiait moins aisément que par le passé : toutes les nations avaient reconnu l'avantage présenté par les navires de gros tonnage, parce que les frais de transport des marchandises diminuent en raison de la grandeur des bâtiments chargés d'y pourvoir. Si les droits de quai ne constituaient pas jadis une charge trop lourde pour des navires de 12 à 1500 tonneaux en moyenne, alors même que leurs opérations commerciales affectaient seulement une partie de la cargaison, ils devenaient assez rigoureux pour ne plus permettre à la marchandise d'affronter avec facilité la concurrence, depuis qu'ils portaient sur des bâtiments dont la jauge dépasse souvent 3 et 4.000 tonneaux.

Cette situation détermina les compagnies de navigation étrangères à abandonner nos ports d'escale. Elle leur était, il est vrai, défavorable ; néanmoins le cours du fret restait le plus souvent assez élevé pour qu'elles puissent se livrer avec bénéfice *à la cueillette* sur nos côtes ; mais elles n'ignoraient pas que leur abstention provoquerait de la part des ports ainsi délaissés, des réclamations dans le sens de la révision de la loi de 1872.

Inquiètes de cet abandon en effet, plusieurs Chambres de commerce firent entendre au Gouvernement des doléances, et celui-ci se montra d'autant plus disposé à les écouter, qu'il jugeait avoir assez témoigné de sa sollicitude pour notre Marine marchande, en allouant des primes à la construction française et à la navigation sous pavillon national (Lois du 29 Janvier 1881, art. 3, 4 et 9, et du 30 Janvier 1893, art. 5 à 7).

En présence de ces réclamations, M. André Lebon et plusieurs de ses collègues, représentants de villes maritimes (1), déposèrent à la Chambre un projet de loi tendant à maintenir le droit de quai en modifiant seulement les bases sur lesquelles il était perçu. Les auteurs de cette proposition constataient l'abandon de nos ports d'escale par les compagnies étrangères et faisaient remarquer de plus que certaines compagnies françaises renonçaient à assurer des services pour lesquels un fret insuffisant ne compensait pas les charges qu'il leur fallait acquitter pour le recueillir (2). Soucieux toutefois de ménager les intérêts particuliers de chaque port et acquis aux idées de décentralisation administrative en faveur, ces députés demandaient que le Gouvernement, sans laisser aux intéressés une autonomie aussi large qu'en matière de taxes de péage, procédât à la réforme désirée pour chacun des ports, après avoir entendu à titre consultatif, les Chambres de commerce et les représentants autorisés des intérêts de ces ports, sous la réserve que les tarifs appliqués, lui assureraient un produit équivalent à celui que donnait le régime antérieur.

Ce projet, déposé le 26 Janvier 1896, ne fut pas discuté, mais la Commission du budget de 1897, le reprit à son compte et le combina avec une proposition de

1. MM. Gruet et Labat, de Bordeaux ; Etienne, d'Oran ; Charruyer, de la Rochelle.

2. La Compagnie française du Pacifique avait renoncé à cette navigation et la Compagnie générale des bateaux à vapeurs du Nord, abandonné le service entre Dunkerque et la mer Baltique.

M. Adam, inspirée par les vœux de la Chambre de commerce de Dunkerque, pour l'insérer dans la Loi de Finances, au titre des « impôts et revenus autorisés. » Toutefois elle lui enlevait le caractère qu'avaient voulu lui imprimer M. A. Lebon et ses collègues en le modelant sur les taxes de péage ; elle estimait en effet que la diversité des modes de perception, légitime s'il s'agissait d'intérêts locaux, paraissait moins facile à justifier pour un impôt destiné au Trésor ; en outre, elle craignait que la rivalité amenât certains ports à abaisser leurs tarifs pour attirer les navires, et forçât ainsi les autres à relever leur taxation, pour fournir la somme qu'ils s'engageaient à donner au fisc. Aussi, pour satisfaire aux réclamations du commerce, et pour conserver autant que possible l'intégrité d'une recette que n'eut probablement pas compensée l'augmentation des escales en la maintenant au taux en vigueur, elle releva la quotité du droit, et soumit à l'approbation de la Chambre, les articles suivants :

« Article 9 (Titre Ier, § 2). — Les navires de tout pavillon, venant de l'étranger ou des colonies et possessions françaises autres que l'Algérie, paieront pour droit de quai, de phares et de balises, une taxe de 1,25 par tonne métrique de marchandises, par tête de bétail et par voyageur *débarqués*.

« Cette taxe sera réduite à 0,65 pour les provenances des ports situés dans les limites du cabotage international, telles qu'elles sont établies par l'article Ier de la loi du 30 Janvier 1893 sur la Marine marchande. Elle sera exempte de tout décime additionnel.

« Les bagages des passagers, y compris les petites provisions de voyage qu'ils ont avec eux, ne seront pas comptés dans l'évaluation des marchandises débarquées.

« La navigation entre la France et l'Algérie sera exempte de la taxe ci-dessus établie.

« Art. 10.— En cas d'escales successives, le navire ne paiera dans chaque port que proportionnellement au tonnage des marchandises, au nombre des voyageurs ou des têtes de bétail débarqués.

«Toutefois le total du droit à percevoir sur un navire pour un voyage, même si ce voyage comporte plusieurs escales, ne devra dépasser en aucun cas le montant du droit qui aurait été exigible, en vertu de la loi du 30 Janvier 1872.

« Art. 11.— Les articles 9 et 10 ci-dessus sont applicables à l'Algérie.

« Un règlement d'administration publique déterminera les mesures de détail nécessaires à leur exécution, notamment en ce qui concerne le mode d'évaluation du poids des marchandises dont il convient d'éviter le pesage.

« Art. 12. — Sont abrogés : L'article 6 de la Loi de Finances du 30 Janvier 1872 ; les Lois des 20 Mars 1875 et 12 Mars 1877 ; l'article 7 de la Loi de Finances du 29 Juillet 1881 ; l'article 14 de la Loi de Finances du 28 Décembre 1895. »

Adoptés à la Chambre le 12 Février 1897, ces articles furent discutés le 20 Mars par le Sénat. Celui-ci obtint qu'ils fussent disjoints de la Loi de Finances, afin de permettre à la Haute-Assemblée d'étudier à loisir un projet dont l'économie, renversant le système alors en vigueur, pouvait avoir des conséquences fâcheuses pour notre marine, et de ne l'adopter qu'après avoir pris l'avis des Chambres de commerce et des Commissions instituées pour la défense des intérêts maritimes. Lorsque le budget revint devant la Chambre, la Commission proposa, malgré le vote du Sénat, de reprendre les articles en question, mais avec certaines modifications destinées à répondre aux préoccupations qui s'étaient fait jour à la tribune du Luxembourg. C'est ainsi que pour éviter que les navires étrangers vinssent enlever de nos ports le fret national en franchise de taxes, le rapporteur (1) se rangeant à l'avis exprimé par la Chambre de commerce de Bordeaux, proposa de prélever la taxe sur les marchandises *embarquées* aussi bien que sur celles *débarquées*, malgré la gêne qui en résulterait pour nos exportations. La Commission toutefois apportait un tempéramment à ce principe, en spécifiant qu'au cas d'opérations simultanées de débarquement et d'embarquement de marchandises, de passagers ou de bétail, la taxe ne serait recouvrée que sur celle des opérations donnant lieu à la perception la plus élevée (2).

1. M. de Lasteyrie.

2. « Art. 8 (ancien art. 9 modifié). Les navires de tout pavillon,

Le budget revint devant le Sénat qui ne changea pas sa manière de voir, et la Chambre dut s'incliner et faire de la réforme des droits de quai, l'objet d'une loi spéciale. Mais elle en demanda l'urgence, et le 1er Avril 1897, elle votait à une énorme majorité (488 voix contre 29) le projet que lui avait déjà présenté sa Commission du budget.

Avant que le texte de cette loi ne fut revenu au Sénat, celui-ci avait poursuivi son enquête auprès des hommes que touchaient à la fois les intérêts de notre commerce et ceux de notre Marine marchande. Quarante-une Chambres de commerce firent connaître leur avis ; vingt-deux approuvèrent sans réserves laloi que venait

chargés en totalité ou en partie, venant de l'étranger ou des colonies et des possessions françaises autres que l'Algérie, paieront pour droit de quai une taxe de 1,25 par tonne métrique de marchandises, par tête de bétail et de voyageurs débarqués ou embarqués.— Cette taxe sera réduite à 0,65 pour les navires venant des ports situés dans les limites du cabotage international telles quelles sont établies par l'article 1er de la loi du 30 Janvier 1893 sur la Marine marchande. Elle sera exempte de tout décime additionnel. Les bagages des passagers, y compris les petites provisions de voyage qu'ils ont avec eux, ne seront pas comptés dans l'évaluation des marchandises débarquées ou embarquées. — Lorsqu'un navire aura à la fois débarqué et embarqué des marchandises, du bétail ou des voyageurs, il ne sera taxé qu'en raison de celle des deux opérations qui donnera lieu à la perception la plus élevée. En cas d'escales successives, le navire ne paiera dans chaque port que proportionnellement au tonnage des marchandises, au nombre des voyageurs ou des têtes de bétail débarqués ou embarqués. — La navigation entre la France et l'Algérie sera exempte de la taxe ci-dessus établie. »

d'élaborer la Chambre (1), mais les autres se montrèrent plus circonspectes (2), ou demandèrent même le maintien de la loi de 1872 avec quelques modifications relatives à son application en Algérie (3). La plus importante de toutes, celle de Marseille, qu'une longue tradition incline vers les solutions libérales, présenta les objections les plus décisives contre cette nouvelle législation, et termina son rapport par ces mots : « Le « seul moyen de corriger ce que ce système a de vicieux, « c'est donc de conserver ce qu'a de bon la loi de 1872, « et de modifier ce qu'elle présente d'irrationnel. Il « faut que le droit de quai reste un droit de tonnage « pesant exclusivement sur le navire, que le taux du « droit reste celui qu'avait fixé la loi de 1872. Les « avantages que ce système présente sur celui que la « Chambre a adopté, permettent de laisser au droit de « quai son caractère de taxe de tonnage, et rend ainsi « impossible tout rejet de la taxe sur le commerce, rejet « qui soulèvera promptement les réclamations de ceux « qui acclament le système actuel ». La Commission des armements du Conseil supérieur de la marine marchande également entendue, n'était pas moins affirmative, et par 9 voix contre 3 exprimait l'avis qu'il fallait maintenir le principe de la législation de 1872. « Le

1. Citons notamment, les Chambres de commerce de Paris, du Havre, Alger, Bayonne, La Rochelle, St-Nazaire.

2. Au nombre de dix : Dunkerque, Calais, Boulogne, Rouen, Granville, Bordeaux, etc...

3. Parmi ces dernières, Caen, Cherbourg, Nantes, Cette, etc.....

« vrai résultat du système qui nous est proposé, dit
« M. Bernard, dans le rapport de cette commission,
« c'est que nos lignes françaises disparaîtront, c'est
« qu'un préjudice irréparable aura été porté à notre
« Marine marchande. Ne nous laissons donc pas sé-
« duire par des intérêts spéciaux mais secondaires,...
« l'intérêt primordial, c'est l'existence même de la Ma-
« rine marchande française, *il ne fait qu'un avec l'in-*
« *térêt du commerce d'exportation* ». La Commission
extra-parlementaire, adoptant les vues de M. Estier,
se rangeait à l'opinion émise par la Chambre de commerce de Marseille.

Frappée de ce que ces opinions résultaient de l'entente des représentants les plus qualifiés du commerce
et de la navigation, qu'elles étaient l'expression de leurs
concessions réciproques pour ménager les intérêts de
notre pavillon, sans nuire à la navigation d'escale, la
Commission du Sénat modifiant le projet de la Chambre,
adopta et fit voter sans grandes difficultés le 9 Juillet
1897, le texte de la loi qui nous régit aujourd'hui. Sur
l'initiative d'un sénateur algérien, M. Jacques, elle y
inséra un article (l'art. 4) qui exonère des droits les
produits embarqués dans la colonie, et replace ainsi
l'Algérie dans la situation où l'avaient mise les dispositions de la loi du 20 Mars 1875, abrogées vingt ans plus
tard par l'article 14 de la Loi de Finances pour l'exercice 1896 (Loi du 28 Décembre 1895).

Nous exposons ici le texte de la loi promulguée le 23 Décembre 1897 :

« Article premier. — Les navires de tous pavillons, chargés en totalité ou en partie, venant de l'étranger ou des colonies françaises autres que l'Algérie, acquitteront le droit de quai dans les ports de France et d'Algérie d'après le tarif suivant :

« 1 fr. par tonneau de jauge nette, si le nombre total de tonnes métriques (1.000 kilogr.) de marchandises débarquées ou embarquées est supérieur à la moitié de la jauge nette du navire ;

« 0 fr. 50 par tonneau de jauge nette, si le nombre total des tonnes métriques de marchandises débarquées ou embarquées est égal ou inférieur à la moitié de la jauge nette et supérieur au quart de cette jauge ;

« 0 fr. 25 par tonneau de jauge nette, si le nombre total de tonnes métriques de marchandises débarquées ou embarquées est égal ou inférieur au quart de la jauge nette et supérieur au dixième de cette jauge.

« 0 fr. 10 par tonneau de jauge nette, si le nombre total de tonnes métriques de marchandises débarquées ou embarquées est égal ou inférieur au dixième de la jauge nette.

« Cette taxe sera réduite de moitié pour les navires débarquant des marchandises, quand ces navires sont en provenance d'un port situé dans les limites du cabotage international telles qu'elles résultent de l'article 1er de la loi du 30 Janvier 1893. Il en sera de même pour les

navires embarquant des marchandises, quand ces navires sont à destination d'un port situé dans les mêmes
limites.

« Les navires effectuant dans le même port des opérations de débarquement et d'embarquement seront taxés
séparément pour les opérations d'entrée et de sortie
d'après les taux indiqués ci-dessus.

« Art. 2. — En cas d'escales successives, les droits de
quai seront perçus dans chaque port d'après les règles
fixées à l'art. 1er; mais en aucun cas, le total des droits
à percevoir sur un navire pour un voyage ne pourra
dépasser 1 franc par tonneau de jauge nette. Ce taux
est réduit à 0 fr. 50 pour les navires se trouvant dans
les conditions prévues au paragraphe 6 de l'article
précédent.

« Art. 3. — Dans le calcul du tonnage des opérations,
chaque passager embarqué ou débarqué sera considéré
comme équivalant à une tonne de marchandise. Il en
sera de même pour chaque tête de gros bétail, chevaux
et mulets. Chaque tête de petit bétail équivaudra à un
quart de tonne; les bagages des passagers, y compris les
petites provisions de voyage qu'ils ont avec eux ne seront
pas comptés dans l'évaluation des marchandises débarquées ou embarquées.

« Art. 4. — Les droits de quai imposés dans les articles précédents ne seront perçus, dans les ports de
l'Algérie, que sur les marchandises, passagers, ani-
maux et voitures débarqués.

« Art. 5. — Les opérations de ravitaillement et d'approvisionnement de charbon ne sont pas considérées comme opérations de commerce.

« Art. 6. — Sont abrogés :

« L'article 6 de la Loi du 30 Janvier 1872 ;

« L'article 7 de la Loi de Finances du 29 Juillet 1881 ;

« Le paragraphe 1er de l'article 14 de la Loi de Finances du 28 Décembre 1895 ».

La loi n'édictait aucune disposition spéciale relativement aux paquebots affectés au transport des voyageurs. Cette lacune fut comblée par la loi du 23 Mars 1898 dont la teneur suit :

« Article unique. — Le montant du droit de quai à percevoir en vertu de la loi du 23 Décembre 1897, sur les paquebots affectés au transport des voyageurs ne pourra, dans un même voyage, même s'il comporte plusieurs escales, dépasser un franc (1 fr.) par voyageur, deux francs (2 fr.) par cheval ou par tête de gros bétail, trois francs (3 fr.) par voiture à deux roues, quatre francs (4 fr.) par voiture à quatre roues, et un franc (1 fr.) par tonne de marchandises se trouvant à bord à l'entrée du navire dans les eaux françaises, pourvu que le poids total de ces marchandises, exprimé en tonnes de 1.000 kilogrammes, ne dépasse pas le vingtième de la jauge nette du navire.

« Ce maximum sera réduit de moitié sous les mêmes conditions et sous les mêmes réserves pour les paquebots affectés exclusivement au cabotage international ».

Aux termes si simples de la loi de 1872, la nouvelle législation substitue un ensemble de prescriptions dont l'apparente complexité peut se ramener en définitive, aux trois éléments suivants :

1° *La provenance du navire* soumis aux droits, pour connaître le *maximum* qu'il peut payer ;

2° *La jauge nette du navire*, pour déterminer la *base* de la perception ;

3° *La provenance ou la destination des marchandises ou des voyageurs embarqués ou débarqués*, pour établir le *taux* de cette perception (1 franc ou 50 centimes) selon qu'il s'agit du long cours ou du cabotage international (1).

C'est ce que font d'ailleurs ressortir les instructions données au service des douanes, chargé d'assurer l'exécution de la loi, instructions auxquelles nous ne pouvons que nous référer pour examiner les difficultés d'application qu'elle soulève.

1. L'article 1er, titre Ier de la loi du 30 Janvier 1893, sur la Marine marchande, détermine ainsi qu'il suit les limites du cabotage international : « Sont réputés voyages au cabotage international ceux qui se font en deçà des limites ci-après déterminées : au Sud, le 30e degré de latitude Nord ; au Nord, le 72e degré de latitude Nord ; à l'Ouest, le 15e degré de longitude du méridien de Paris ; à l'Est, le 44e degré de longitude du méridien de Paris, s'ils ont lieu entre les ports français y compris ceux de l'Algérie et les ports étrangers, ainsi qu'entre ports étrangers ».

Ces limites embrassent l'Europe entière excepté l'Islande, et aussi tout le bassin de la Méditerranée, la mer Rouge et la côte atlantique du Maroc.

Destinée à favoriser la navigation d'escale en accordant aux navires qui ne font dans nos ports que des opérations de commerce de peu d'importance, la nouvelle loi se caractérise par l'admission avec un rôle prépondérant de deux nouveaux éléments de taxation, la quantité de marchandises ou de voyageurs débarqués, et la quantité de marchandises ou de voyageurs embarqués.

Le calcul des droits continue cependant à s'effectuer, à raison d'un taux déterminé, par tonneau de jauge nette des navires se livrant à la navigation au long cours ou au cabotage international.

Avant d'entrer dans l'examen de chacun des articles de la nouvelle loi, il est utile d'indiquer qu'elle maintient implicitement ou consacre formellement l'exemption de droits dans les cas suivants :

1° Navires effectuant des transports de marchandises entre les ports français de la métropole et de l'Algérie :

2° Navires entrant sur lest, alors même qu'ils prennent du fret de sortie ;

3° Navires entrant chargés et sortant sans avoir fait d'opérations de commerce, c'est-à-dire bâtiments en relâche forcée ou volontaire ;

4° Navires de guerre et paquebots postaux qui leur sont assimilés ;

5° Yachts de plaisance ;

6° Paquebots affectés à l'entretien de câbles télégraphiques ou téléphoniques sous-marins.

Sauf ces exceptions, la loi atteint tous les bâtiments entrant dans nos ports, et donne lieu aux mesures suivantes pour assurer la juste perception du droit.

Art. 1er. — Cet article maintient, comme taux normal et maximum du droit, un franc par tonneau de jauge nette, pour les navires provenant des pays situés au-delà des limites du cabotage international, 50 centimes pour les navires arrivant des pays situés dans ces limites. Mais ces quotités peuvent être abaissées lorsque les opérations de débarquement et d'embarquement ne dépassent pas certaines proportions.

Il est procédé pour tout navire soumis à la taxe, à deux liquidations relatives l'une à l'entrée, c'est-à-dire au débarquement, l'autre à la sortie, c'est-à-dire au chargement.

Art. 2. — Après avoir effectué ces deux liquidations, le service des douanes en additionne les résultats, puis il rapproche le total de cette addition du chiffre de la perception qui aurait été recouvrée en vertu de la loi de 1872. Si le total des deux liquidations dépasse ce chiffre, la perception est réduite aux limites de ce dernier, c'est-à-dire à 1 franc par tonneau de jauge pour les navires ayant débarqué des marchandises provenant des pays situés au-delà des limites du cabotage international et à 50 centimes par tonneau de jauge, pour les navires arrivant d'un port situé dans ces limites, quels que soient d'ailleurs les pays de destination. La perception serait également réduite à 50 centimes pour les navires arrivant avec un chargement pris hors des limites du cabotage international, mais ne débarquant en France que des marchandises chargées dans un port intermédiaire situé dans ces limites.

Cette particularité provient de ce que la marchandise est devenue l'élément prépondérant du nouveau mode de taxation.

Quelques exemples permettront de mieux faire comprendre ce système.

1°. Un navire de 2.000 tonneaux, venant de New-York (long cours) avec 3.000 tonnes de marchandises, les décharge en totalité au Havre, où il commence un nouveau voyage avec un fret de 1.500 tonnes à destination de San-Francisco (long cours).

D'après la loi qui nous occupe, la liquidation s'établit comme suit :

Pour les 3.000 tonnes débarquées.....	2.000 fr. (jauge nette du navire)
Pour les 1.500 tonnes embarquées....	2.000 fr. (art. 1er, § 2e)
Total....	4.000 fr.

Or d'après la loi de 1872, on n'aurait payé que 2.000 francs. C'est donc à ce chiffre qu'il convient de ramener la taxation (art. 2, § 1er *in fine*).

2°. Un navire de 2.000 tonnes, venant de la Plata (long cours), débarque à Saint-Nazaire 1.200 tonnes de marchandises, et embarque dans le même port 600 tonnes à destination de Hambourg (cabotage international).

On devrait payer ·

Pour les 1.200
  tonnes venant
  de la Plata..   2.000 fr. (art. 1er, § 2e)
Pour les 600
  tonnes à des-
  tination de
  Hambourg.. $2.000 \times \dfrac{0.50}{2} =$ 500 fr. (art. 1er, §§ 3 et 6 combinés)

    Total.....   2.500 fr.

La taxe sera réduite à 2.000 fr. puisqu'elle ne peut excéder le chiffre qu'eut produit la loi précédemment en vigueur (1).

1. On a prétendu (V. *Répertoire Général du Droit Français, art : Douanes, nos 519 à 522*) qu'il y avait désaccord entre la liquidation ainsi établie et le texte légal résultant de la combinaison du § 2 de l'art. 2 avec le § 6 de l'article 1er, ainsi conçu : « Cette taxe sera ré- « duite de moitié lorsque les marchandises sont en provenance d'un « port situé dans les limites du cabotage international telles qu'elles « résultent de l'article 1er de la loi du 30 Janvier 1893. *Il en sera de* « *même pour les navires embarquant des marchandises*, quand ces navi- « res sont à destination d'un port situé dans les mêmes limites ». Puisque, dit-on, la loi ne fait aucune distinction entre les deux con- ditions énoncées par ce texte, le service ne doit pas s'attacher à la première plutôt qu'à la seconde, et ainsi qu'il opère la réduction du maximum à 50 centimes par tonneau de jauge nette du navire, lors- que celui-ci est en provenance d'un port situé dans les limites du cabotage international, ainsi doit-il appliquer ce tarif, quand le bâti- ment est à destination d'un port se trouvant aussi dans ces limites. Au cas présent, la perception à effectuer ne saurait donc excéder 1.000 francs.

Il suffit de se rapprocher des travaux préparatoires de la loi pour justifier l'interprétation qu'en donne le service des douanes. Le rapporteur prend soin en effet de spécifier que le § 2 de l'art. 2 au-

3°. Un navire de 3.000 tonneaux, venant de New-York, débarque à Cherbourg 800 tonnes de marchandises et y embarque 600 tonnes pour Hambourg ; puis touchant à Dunkerque, il y laisse 900 tonnes et y prend 800 tonnes également pour Hambourg.

Il y a lieu de percevoir :

A CHERBOURG :

Pour les 800 tonnes débarquées . . . . .

$$3.000 \times 0,50 = 1.500 \text{ fr. (art. 1}^{er} \text{ § 3)}$$

Pour les 600 tonnes embarquées. . . . .

$$3.000 \times \frac{0,25}{2} = 375 \text{ (art. 1}^{er} \text{ §§ 4 et 5 combinés)}$$

Total . . . .   1.875 fr.

A DUNKERQUE :

Pour les 900 tonnes débarquées. . . . . .

$$3.000 \times 0,50 = 1.500 \quad \text{(art. 1}^{er} \text{ § 3)}$$

Pour les 800 tonnes embarquées. . . . .

$$3.000 \times \frac{0,50}{2} = 750 \text{ (art. 1}^{e} \text{ §§ 3 et 6 combinés)}$$

Total. . . . .   2.250 fr.

quel on fait allusion, a eu pour objet de ne mettre en aucun cas les navires dans une situation plus défavorable que celle qui leur était faite par le régime de 1872, mais sans leur en créer une meilleure. « Il y a des cas où, d'après la loi de 1872, le taux du droit de quai « n'était que de o fr. 5o par tonneau. La loi nouvelle contient une « disposition semblable et qui est une nouvelle application du prin- « cipe, que le nouveau droit de quai ne devra jamais être plus lourd « que l'ancien » (Rapport du 10 Décembre 1897, de M. de Lasteyrie, *Documents parlementaires*, n° 2889 p. 11). Les navires auxquels s'appliquent les prescriptions du § 2 de l'art. 2 combinées avec l'art. 1er, § 6 sont : 1° ceux en provenance d'un port situé dans les limites du cabotage international qui n'ont débarqué chez nous que des marchandises de cette provenance, même si, après leur escale, ils repartent pour une destination du long cours ; 2° ceux qui venant d'un port quelconque même du long cours, n'ont rien débarqué, ou

Mais comme en vertu du § 1ᵉʳ de l'art, 2, ce navire ne peut avoir à payer pour l'ensemble du voyage plus de 3.000 francs, et qu'on en a déjà perçu 1875 à Cherbourg, on ne devra exiger à Dunkerque que 1.125 francs pour compléter la différence.

4°. Un navire de 2.000 tonneaux se rend de New-York à Hambourg, avec escale au Havre où il embarque 1.500 tonnes pour Hambourg, sans rien débarquer, et avec escale à Dunkerque où il charge également 400 tonnes pour Hambourg, sans rien débarquer. L'application des règles que nous avons exposées conduirait à exiger 1.250 francs de droits ; mais comme il s'agit exclusivement d'opérations d'embarquement à destination d'un port situé dans les limites du cabotage international, le maximun de la perception doit être réduit

n'ont déchargé en France que des marchandises provenant du cabotage international.

Cela est de toute évidence pour les premiers, puisqu'on ne pourrait les traiter autrement sans aggraver la situation que leur eût faite la loi de 1872 ; mais on ne peut leur assimiler les bâtiments *qui débarquent dans nos ports des marchandises provenant du long cours*, parce que ce serait les traiter plus favorablement qu'ils ne l'eussent été précédemment, et que ni le projet soumis à la Commission du Sénat par la Chambre de commerce de Marseille, et devenu texte légal, ni les travaux du rapporteur à la Chambre ne permettent de penser qu'on se soit proposé d'atteindre ce but.

Au reste, l'exemple que nous citons plus loin (voir 5ᵉ exemple), confirme notre interprétation, puisque malgré la provenance antérieure du navire, la perception se trouve réduite dans les proportions indiquées par l'art. 2, précisément parce que les marchandises débarquées ont été prises dans un port situé dans les limites du cabotage international. *A contrario,* nous devons appliquer la taxe de

à 50 centimes par tonneau (art. 2, § 2) et ne peut être supérieur à 1.000 francs.

5°. Un navire de 2.000 tonneaux, venant de la Plata, touche au Havre, n'y débarque aucune marchandise venant du long cours, mais y dépose 1.500 tonnes prises à Lisbonne, puis embarque 1.200 tonnes à destination de Hambourg. La perception ne s'élèvera encore qu'à 1.000 francs en vertu des dispositions de l'article 2, § 2, car, ainsi que l'a fait remarquer le rapporteur lui-même de la loi devant la Chambre « l'élément qui détermine « le taux de la taxe, c'est la proportion de la marchan- « dise débarquée ou embarquée, et il serait contraire « à la lettre et à l'esprit de la loi d'appliquer le taux du « long cours à un navire qui ne fait aucune opération « relative à des marchandises de cette provenance ».

Lorsque les navires ne séjournent pas plus de vingt jours dans un port, une seule perception est effectuée, laquelle embrasse la liquidation d'entrée et la liqui-

1 fr. pour celles qui ont été chargées en dehors. En un mot, dans le cas dont nous nous occupons, la seule opération d'entrée ayant donné lieu d'emblée à une perception qu'on ne peut dépasser en aucun cas, les opérations subséquentes deviennent en fait non-avenues. Mais elles n'ont point à être prises en considération pour servir de base à une modération de droits. Au reste, cette manière de voir a été partagée par le Gouvernement lui-même, ainsi qu'il résulte des termes de la lettre adressée le 18 Décembre 1897 par le Ministre des Finances au président de la Commission du budget : « J'ai l'honneur « de vous faire connaître, dit-il, qu'à l'égard du système de liquida- « tion des droits, je n'ai aucune objection à formuler contre les cal- « culs qu'à faits M. le Rapporteur, dans les diverses hypothèses « qu'il a examinées ».

dation de sortie, puisque les capitaines ont un délai de vingt jours pour acquitter les droits de tonnage, à moins qu'ils ne reprennent la mer avant son expiration (v. s. Loi du 4 Germinal an II, titre III, art. 12). Mais lorsque le séjour d'un navire dans un port français se prolonge au delà de ce délai, les droits liquidés pour l'opération d'entrée doivent être recouvrés alors même que l'embarquement des marchandises d'exportation n'aurait pas été commencé. Plus tard, une seconde liquidation pour la sortie serait établie, si la première n'atteignait pas le maximum légal.

Pour les navires faisant escale dans plusieurs ports de France, le premier soin du service des douanes est de se faire représenter la quittance ou les quittances du droit de quai. Si les perceptions déjà effectuées n'atteignent qu'une partie de ce droit, il y a lieu de procéder à la double liquidation d'entrée et de sortie d'après la règle que nous avons indiquée ; lorsque le montant de ces liquidations joint à celui des quittances produites n'atteint pas le maximum légal, le service le met en recouvrement, mais si ces liquidations viennent à dépasser ce maximum, on se borne à percevoir la différence entre les sommes déjà versées et le maximum du droit. Il va de soi que celui-ci peut varier en raison d'opérations effectuées dans un second port d'escale. Ainsi, dans le dernier exemple que nous avons cité, il serait de 50 centimes par tonneau pour les marchandises débarquées au Havre de provenance portugaise ; mais si, du Havre, le navire relevait pour Dunkerque, afin d'y laisser tout ou partie de sa cargaison prise à la Plata, le maximum se trouverait porté à 1 fr. par tonneau.

Art. 4. — En Algérie une seule liquidation doit avoir lieu : celle des marchandises débarquées. Le maximum est calculé, comme dans la métropole, d'après la provenance du chargement débarqué, à raison de 1 franc ou 50 centimes par tonneau de jauge. Si le navire relève d'un port algérien pour un port de France, on suit les règles que nous avons établies pour les cas d'escales successives.

Art. 5. — Les opérations de ravitaillement et d'approvisionnement de charbon ne sont point considérées comme opérations de commerce au point de vue du droit de quai ; mais il y a bien entendu lieu de le percevoir en raison de l'opération de sortie, si un navire, entré autrement que sur lest, prend dans un de nos ports une quantité de charbon constituant, non un approvisionnement, mais un chargement destiné à être débarqué en pays étranger. Il faut entendre ici par approvisionnement, la quantité nécessaire au navire entré dans le port pour lui permettre de continuer sa route. Il n'y aurait en conséquence pas lieu d'accorder l'immunité du droit à des bâtiments qui viendraient chercher en France le combustible destiné à alimenter en mer d'autres navires. Ainsi, la taxe devrait être perçue sur la quantité de charbon embarquée sur un bâtiment chargé d'accompagner ou de rejoindre en

mer un convoi ou une escadre et de lui fournir, en cours
de voyage, le moyen d'assurer son arrivée à destination.

Art. 6. — Cet article abroge les dispositions relatives
au droit de quai des lois du 30 Janvier 1872, 29 Juillet
1881 et 28 Décembre 1895.« La loi du 23 Décembre 1897,
« dit M. de Lasteyrie dans son rapport à la Chambre,
« n'a pas eu pour but de rien imposer en ce qui con-
« cerne les navires qui n'étaient point frappés par les
« lois de 1872 ou de 1881 et la décision ministérielle
« du 25 Novembre 1872, doit continuer à être appliquée
« aux paquebots faisant escale en France dans le seul
« but d'y laisser ou d'y prendre des voyageurs ».

Toutefois, cet article se trouvait créer aux paquebots
de voyageurs ne débarquant qu'une faible quantité de
marchandises, une condition moins favorable que celle
qui leur était faite par le passé. En effet, rentrant alors
dans la règle générale, ils pouvaient en certains cas
avoir à acquitter des droits de quai supérieurs à ceux
que nous avons précédemment signalés.

Ainsi, tandis qu'un paquebot de 1.000 tonneaux,
quelle que soit sa provenance, ayant à bord 95 passagers et 10.000 kgs de marchandises payait, en
vertu de l'art. 7 de la loi du 29 Juillet 1881, 115 fr.
seulement (95 fr. + 20 fr.), même s'il débarquait en
totalité ses passagers et sa cargaison, sans qu'il y eût
à tenir compte des opérations d'embarquement subséquentes, il se trouvait avec le nouveau régime avoir à

acquitter 250 fr. de droits pour cette opération de débarquement (95 passagers, plus dix tonneaux, égale 105 tonneaux, donnant ouverture à la perception édictée par l'art. 1er, § 4 de la loi du 23 Décembre 1897), sans préjudice des opérations d'embarquement, qui étaient de nature à l'amener à être encore taxé à la sortie, jusqu'à concurrence du chiffre maximum de 1.000 fr. pour l'ensemble de ses opérations.

Telle n'était cependant pas la pensée du législateur, puisqu'il avait pris soin de spécifier que la loi en vigueur ne devrait en aucun cas être moins avantageuse que les législations antérieures.

Aussi, dès l'ouverture de la session législative de 1898, le rapporteur de la loi de Décembre, proposa de la compléter, pour ne pas laisser se prolonger cette situation irrationnelle, et pour ramener la navigation à vapeur au régime dont elle jouissait depuis 1881. Il pressa d'autant plus le Parlement d'adopter cette disposition, qu'en fait, les grandes compagnies de paquebots de long cours, avaient moins à souffrir de cette aggravation de charges que les petites se livrant à la navigation dans les limites du cabotage international, et plus spécialement celles mettant en relations nos ports de la Manche avec l'Angleterre, et assurant le transport quotidien des passagers et des fruits ou primeurs. On pouvait craindre, en effet, que la multiplicité des voyages, en exagérant leurs frais, ne les conduisit à relever leurs prix, ou bien que leur trafic ne se déplaçât au profit de la Belgique. C'est pour remédier à de tels inconvénients que fut votée la loi du 23 Mars 1898, dont nous rappelons le texte.

« Article unique. — Le montant du droit de quai à percevoir en vertu de la loi du 23 Décembre 1897, sur les paquebots affectés au transport des voyageurs ne pourra, dans un même voyage, même s'il comporte plusieurs escales, dépasser un franc (1 fr.) par voyageur, deux francs (2 fr.) par cheval ou par tête de gros bétail, trois francs (3 fr.) par voiture à deux roues, quatre francs (4 fr.) par voiture à quatre roues et un franc (1 fr.) par tonne de marchandises se trouvant à bord à l'entrée du navire dans les eaux françaises, pourvu que le poids total de ces marchandises, exprimé en tonnes de 1.000 kilogrammes, ne dépasse pas le vingtième de la jauge nette du navire.

« Ce maximum sera réduit de moitié sous les mêmes conditions et sous les mêmes réserves pour les paquebots affectés exclusivement au cabotage international. »

Par analogie avec la disposition en vigueur dans les ports algériens (V. Loi de 1897, art. 4), les paquebots remplissant les conditions ci-dessus, ne supportent aucun droit à l'occasion des opérations d'embarquement, mais la taxe porte non seulement sur les voyageurs ou marchandises débarqués, mais sur la totalité des voyageurs et des marchandises se trouvant à bord.

Suivant la règle fixée par la loi du 23 Décembre 1897, le petit bétail est taxé à raison d'une tonne pour quatre têtes (art. 3).

En cas d'escales successives, la perception doit être toujours recouvrée au port de prime abord. La quittance délivrée dans ce port, sert de justification pour l'admission du navire en exemption de droits dans les autres ports où il aborde pendant le même voyage.

Enfin, les capitaines ont toujours la faculté de réclamer, si elle leur paraît plus avantageuse en raison du peu d'importance de leurs opérations d'embarquement ou de débarquement, l'application de la loi du 23 Décembre 1897, et par conséquent, les perceptions à effectuer sur les paquebots de voyageurs, ne doivent jamais excéder le droit maximum de un franc (1 fr.) ou de cinquante centimes (0 fr. 50) par tonneau de jauge, qui aurait été exigible en vertu de la même loi.

Telles sont les dispositions qui, en se combinant avec les textes de la nouvelle législation, ont pour but de remettre les paquebots dans une situation aussi favorable que celle qui leur était faite auparavant.

En définitive, la perception des droits de quai en France se trouve aujourd'hui régie par quatre textes différents.

1. Loi du 23 Décembre 1897, dont l'application est la plus générale. Sans tenir compte du mode de navigation, à voile ou à vapeur, elle constitue la règle même, et les autres dispositions peuvent être tenues

seulement pour des dérogations consenties en faveur d'intérêts spéciaux.

II. Loi du 23 Mars 1898, relative aux paquebots débarquant des voyageurs et des marchandises, à condition que ces dernières soient dans une proportion inférieure ou au plus égale au vingtième de leur jauge nette.

III. Décision ministérielle du 25 Novembre 1872, applicable aux paquebots faisant escale en France dans le seul but d'y laisser ou d'y prendre des voyageurs, alors même qu'ils ont des marchandises à bord.

IV. Décisions ministérielles des 2 Mai et 27 Juin 1878, admettant en franchise de droits les paquebots provenant d'un pays transatlantique, s'ils ne débarquent en France que des échantillons ou des marchandises jusqu'à concurrence de trois tonneaux.

CHAPITRE VIII

RÉSULTATS DE LA LÉGISLATION NOUVELLE DES DROITS
DE QUAI

De la stabilité des ressources procurées par les droits de quai.
Avantages du commerce : augmentation du mouvement du commerce général
par mer.
Part afférente à nos principaux ports.
Influence de la loi sur notre Marine marchande. — Profit qu'en retirent les
pavillons étrangers. — Décadence de la Marine française. — Inquiétudes
des pouvoirs publics.

Si l'application encore trop récente de la loi du 23
Décembre 1897, ne permet guère d'en apprécier exactement la portée économique, il est cependant possible
de puiser dans les documents statistiques publiés
depuis sa promulgation, d'utiles renseignements sur
l'influence qu'elle exerce tant sur notre commerce que
sur le mouvement de nos ports. Les effets qu'elle produit peuvent être ramenés à trois ordres d'idées : productivité fiscale, intérêt de notre commerce, influence
exercée sur le mouvement maritime.

Les considérations budgétaires ne nous retiendront
point longtemps. Les motifs qui, en 1872, ont donné

lieu à la création des droits de quai, ont heureusement disparu. Ces droits ne furent, on le sait, qu'un moyen d'alléger les charges financières résultant de la guerre franco-allemande et comme la plupart des taxes établies à cette occasion, ils auraient pu disparaître dès que les engagements que nous avions pris, eurent été tenus. Mais l'accroissement des dépenses publiques et la difficulté renouvelée à chaque budget de trouver les recettes suffisantes pour y faire face, a imposé au Gouvernement la nécessité de maintenir cet impôt de perception facile, que ses partisans présentent avec plus d'habileté que de justesse, comme une charge dont le poids retombe en majeure partie sur les étrangers. Quoi qu'il en soit, nous avons déjà vu que les prévisions du Gouvernement n'avaient point été trompées par les résultats de la loi de 1872 ; de même, les inquiétudes qu'avait conçues la Commission du budget chargée d'en préparer la réforme et qui s'étaient traduites par une proposition de porter la quotité à recouvrer, de 1 fr. et 50 centimes à 1 fr. 25 et 65 centimes selon les cas (1), ne furent point confirmées par les événements. D'un produit de 7.434.490 francs relevé pour les droits de quai en 1897, avec une augmentation de 63.151 fr. sur l'année précédente (7.371.339 fr. en 1896), nous les voyons s'élever à 7.572.937 fr. en 1898. Au lieu de la moins-value que pouvaient faire redouter les modifi-

1. V. S. Loi de Finances de 1897, titre 1ᵉʳ, § 2, art. 9.

cations apportées par la loi actuelle, nous trouvons un excédent de 138.447 fr. par rapport à l'année 1897, et tout fait prévoir que si l'année 1899 amène un léger fléchissement de recettes, du moins peut-on compter que le produit total ne sera pas inférieur à 7.200.000 francs en chiffres ronds (1). Nous avons suffisamment insisté sur l'importance que le commerce attachait à ce changement de législation, et l'étude des vœux émis par les Chambres de commerce ainsi que l'analyse des débats parlementaires, nous a donné la mesure des intérêts mis en jeu. L'augmentation de notre commerce général en 1898 n'a pas manqué de se produire, ainsi qu'on l'espérait, à la suite de cette réforme. Nous n'avons à nous occuper ici que des transports par mer et nous les voyons représenter avec 22.960.040 tonnes, un peu plus des trois cinquièmes du mouvement général du commerce qui s'élève à 38.453.415 tonnes métriques. En 1897, la proportion était moins favorable, car sur un chiffre total de 37.073.020 tonnes, le mouvement maritime atteignait seulement 21.747.253 tonnes. Toutefois, la différence n'est pas très sensible. D'une année à l'autre donc, le commerce général de la France augmenta de 1.380.395 tonnes, dont les 9/10 environ reviennent aux transports qui nous occupent, puisqu'ils s'accrurent dans cette période, de 1.212.787 tonnes. Ce furent surtout nos grands ports qui pro-

1. 7.248,820 francs. — *Chiffre provisoire.*

fitèrent de cette activité. Dans ce laps de temps, le mouvement du port de Marseille passe de 4.894.547 tonnes à 5.306.752, avec une augmentation de 412.205 tonnes. Le Havre gagne 251.486 tonnes (2.780.081 en 1898 contre 2.528.595 en 1897). Dunkerque, Bordeaux, Rouen, St-Nazaire participent également à ce mouvement ascensionnel. Par contre, il faut constater des diminutions dans plusieurs ports : Bayonne notamment perd 84.000 tonnes, Calais, Port-Vendres et La Rochelle même, alors toutefois que le bassin de la Pallice est en progrès, sont moins favorablement traités que l'année précédente. Il est à remarquer que ce sont précisément là des ports d'escale qui semblaient avoir lié leur prospérité au sort de la réforme accomplie et qui l'avaient demandée avec la plus grande énergie. Mais il était naturel que les Compagnies de navigation, si favorablement traitées par la nouvelle loi, vinssent plutôt dans les villes où les transactions commerciales sont plus actives et dont les ports, mieux outillés et plus riches en fret de sortie, offrent des ressources que ne présentent point les ports d'escale. En définitive, si le commerce a trouvé dans cette législation les facilités qu'il en attendait, on ne voit pas qu'elle ait amélioré sensiblement la situation des ports secondaires, et elle semble avoir plutôt profité à ceux dont la prospérité ne dépendait que bien faiblement des modifications qu'elle a apportées.

Mais si le commerce s'est trouvé dans de meilleures

conditions pour recevoir le fret étranger et pour exporter les produits de notre sol et de notre industrie, ce sont les marines étrangères seules qui en ont profité, et les appréhensions qui s'étaient fait jour lors de l'enquête poursuivie par le Sénat au sujet de la loi nouvelle n'ont été que trop justifiées. La comparaison des entrées et des sorties de navires chargés durant les années 1897 et 1898 ne permet d'élever aucun doute à ce sujet. En 1897, le tonnage total des bâtiments de toute nature, à l'entrée dans les ports français, représentait 14.927.134 tonneaux, dont 10.457.568 revenant aux pavillons étrangers et 4.469.566 seulement au pavillon national. L'année suivante, ce tonnage total à l'entrée augmentant de 1.076.577 tonneaux, atteint le chiffre de 16.003.711 tonneaux. Mais à peine profitons-nous de cette accroissement ; alors en effet que la part afférente aux pavillons étrangers est portée à 11.520.883 tonneaux avec une avance de 1.063.315 tonneaux sur 1897, nous restons pour ainsi dire stationnaires avec 4.482.828 tonneaux, à peine 13.262 de plus que l'année précédente. Tandis que les étrangers progressent d'une année à l'autre de 10,16 0/0, nous avons peine à gagner 0,30 0/0 dans la même période.

Pour la sortie, c'est-à-dire pour l'exportation, la situation s'aggrave encore, et nous nous trouvons en diminution par rapport à l'année 1897. De 4.348.374 tonneaux que nos navires prenaient alors, nous tombons à 4.270.735 tonneaux, soit une perte de 77.639 tonneaux, tandis que les bâtiments étrangers gagnent 504.162 tonneaux, en passant de 5.997.865 à 6.502.027 tonneaux.

En un mot, les bâtiments étrangers concourent à nos importations dans une proportion supérieure au 2/3 du total (72 0/0 contre 28 0/0, part du pavillon français en 1898; en 1897 ces chiffres étaient respectivement de 70 et 30 0/0), et les 3/5 de nos exportations elles-mêmes leur appartiennent aujourd'hui. (Pavillon national 39,6 0/0, pavillons étrangers 60,4 0/0 en 1898, contre 41,2 0/0 et 58,8 0/0 en 1897). Le rôle de la seule Angleterre dans nos transactions maritimes est plus important que celui de nos propres navires. A l'entrée, le pavillon anglais représente en effet près de la moitié (47,3 0/0) des arrivées dans nos ports, alors que notre pavillon n'y figure guère pour plus du quart (28 0/0); pour la sortie, nous le dépassions encore en 1898, mais si faiblement (39,6 0/0 contre 37,6 0/0) qu'il n'est pas douteux que la balance penchera tout prochainement en sa faveur.

Les tableaux suivants font connaître, pour les deux années qui nous occupent, la part revenant à chacune des principales puissances maritimes dans ntre mouvement commercial par mer.

Part prise par les principaux pavillons dans la navigation de la France. Années 1897-1898 (1).

ENTRÉE

PAVILLONS	Année 1897		Année 1898		AUGMENTATION		DIMINUTION	
	Navires	Tonnage	Navires	Tonnage	Navires	Tonnage	Navires	Tonnage
Anglais......	12.083	6.789.497 (1)	12.638	7.563.982 (1)	555	774.485	»	»
Français.....	7.103	4.412.437	7.003	4.425.071	»	12.634	100	»
Allemands...	656	876.437	590	767.028	»	»	66	109.409
Espagnol....	1.082	593.795	1.227	558.587	145	»	»	35.208
Norwégien...	945	471.540	898	504.144	»	32.604	47	»
Italien.......	1.020	342.942	1.188	433.214	168	90.272	»	»
Hollandais...	320	340.785	377	502.096	57	161.311	»	»
Austro-Hong.	305	246.118	278	246.535	»	417	27	»
Danois......	460	232.729	488	268.449	28	35.720	»	»
Suédois......	320	195.908	350	222.879	30	26.971	»	»
Grec........	241	139.123	180	148.052	»	8.929	61	»
Russe	174	91.813	170	108.487	»	16.674	4	»

(1) Ce chiffre ne comprend pas la Grande Pêche.

SORTIE

PAVILLONS	Année 1897		Année 1898		AUGMENTATION		DIMINUTION	
	Navires	Tonnage	Navires	Tonnage	Navires	Tonnage	Navires	Tonnage
Français....	7.145	4.288.251 (1)	7.117	4.212.484 (1)	»	»	28	75.767
Anglais......	9.150	3.694.883	9.814	4.048.040	664	353.157	»	»
Allemand....	425	717.979	387	595.662	»	»	38	122.317
Espagnol	788	368.097	904	421.840	116	53.743	»	»
Hollandais...	330	353.814	363	495.877	33	142.063	»	»
Italien.......	844	248.385	951	302·253	107	53.868	»	»
Austro-Hong.	191	147.024	203	168.129	12	21.105	»	»
Norwegien...	266	130.573	216	115.614	»	»	50	14.959
Danois.......	187	83.994	135	58.956	»	»	52	25.038
Grec.........	147	60.661	67	30.587	»	»	80	30.074
Suédois......	124	60.571	132	66.047	8	5.476	»	»
Russe	56	38.409	64	49.970	8	11.561	»	»

(1) Ce chiffre ne comprend pas la Grande Pêche.

1. Au moment où paraît cet ouvrage, les résultats pour l'année 1899 ne sont pas encore *officiellement* établis.

L'analyse de ces documents permet de constater les progrès accomplis par les étrangers au détriment de notre marine. A l'entrée, si nous conservons encore et avec une importante avance, la seconde place, nous pouvons constater cependant que sept puissances ont vu augmenter leur trafic dans nos ports dans des proportions qu'il ne nous a pas été donné d'atteindre. Ce sont: l'Angleterre avec 774.485 tonneaux contre 12.634 pour notre part, puis la Hollande, l'Italie, le Danemark, la Norwège, la Suède et enfin la Russie gagnant encore 4.050 tonneaux sur nous. Pour l'exportation, nous restons au premier rang, mais avec une diminution de 75.767 tonneaux et de 28 navires comparativement à l'année 1897, alors que là encore, sept nations (cf. tableaux) ont vu s'augmenter à la fois le nombre des voyages de leurs bâtiments et le tonnage des marchandises transportées.

CHAPITRE IX

Nous avons ainsi terminé l'étude de la législation
française en matière de droits de tonnage et de droits
de quai. Les phases par lesquelles elle est passée, nous
en ont montré la transformation. Non seulement elle
ne présente plus, comme à l'origine, le caractère d'une
faveur réservée à notre pavillon, mais selon l'expression
de M. Raynal au Sénat (1), elle constitue aujourd'hui
une protection à rebours, en permettant aux étrangers
de venir cueillir dans nos ports, la plus grande part de
notre fret, et en ne nous laissant ainsi, par un étrange

1. Séance du 20 Mars 1897.

renversement des principes, que l'excédent dont ils ne peuvent assurer le transport.

Cependant, malgré les critiques que nous avons élevées contre ce système, nous devons reconnaître qu'il présente l'avantage d'établir le droit sur une base plus équitable que ne le faisait la législation antérieure. Nous avons déjà signalé les difficultés réelles qu'éprouvait le commerce lorsque la jauge nette des navires entrait seule en ligne de compte pour le calcul de la taxe, et le parti qu'en avaient su tirer les compagnies de navigation étrangères en délaissant nos ports, sans que les armateurs français aient pu faire l'effort qu'il aurait fallu pour les remplacer. Le double courant qui, d'une part, incite les constructeurs à augmenter de plus en plus la capacité des navires, et de l'autre, a substitué aux relâches prolongées pour attendre un affrètement complet, la multiplicité et la régularité des voyages, devait amener des modifications dans l'établissement des taxes de navigation. Il n'allait donc pas sans quelques inconvénients d'en asseoir la perception uniquement sur la jauge nette des navires et c'est pour les faire disparaître, que, tout en gardant aux droits de quai leur caractère de taxe affectant la coque même du navire et non la cargaison, le Sénat a fait passer dans la loi qui les régit, le principe de modérations calculées d'après l'importance des opérations de commerce réellement effectuées. Nous n'avons, en ce point d'ailleurs, fait que suivre l'exemple de plusieurs

autres nations maritimes. Car, en dépit de l'affir-
mation hautement autorisée de M. J. Charles-Roux,
qui, en présentant le projet de loi à la Chambre au
lieu et place du rapporteur (M. de Lasteyrie) assurait
qu'il n'existait pas ailleurs de droits de quai perçus au
profit de l'Etat (1), nous trouvons, sous des noms
divers, des taxes équivalentes dans de nombreux
pays. En Europe seulement, l'Autriche (Loi du 27 Février 1897), la Russie (Code des Lois, VI, édit. 1892), la
Suède (Tarif des Douanes ; 28 Septembre 1893) nous en
offrent des exemples, plutôt modelés il est vrai sur
la législation de 1872, et ne tenant compte, comme elle,
que du tonnage net des navires. Mais la Norwège (2)
(Ord. roy. du 1er Juillet 1888) et les puissances du Midi

---

1. « Les droits de quai, les seuls que nous visions et qui sont per-
« çus par le Gouvernement, n'existent absolument qu'en France.
« Alors je demande comment vous pouvez exiger la suppression de
« droits de quai de la part de nations qui ne les possèdent pas » :
Réponse de M. J. Charles-Roux à M. l'abbé Lemire, auteur de l'a-
mendement suivant : « Les dispositions de la présente loi ne seront
« applicables qu'aux navires étrangers appartenant à des pays qui,
« par réciprocité, accorderont dans leurs ports au pavillon français
« le même traitement, en matière de droits de port, d'ancrage, de
« tonnage ou de phare ». — *Chambre des Députés, séance du
1er Avril 1897.*

2. Les droits de tonnage et de fanaux seront payés par les navires
important ou exportant des marchandises à raison de 80 öre (1 fr. 11)
par tonne. — Le droit sera calculé d'après le nombre de tonnes
chargées ou déchargées sans que le chiffre puisse dépasser celui du
tonnage inscrit sur le livre de bord.

comme le Portugal (1) (Loi du 16 Septembre 1890),
l'Espagne (2) (Ordon. gén. concernant les Douanes, Déc.
roy. du 15 Octobre 1894), l'Italie (3) (Loi du 23 Juillet 1896 : art. 20 à 29 inclus) et la Grèce (4) (Loi du 30
Décembre 1892 — 13 janvier 1893, nouveau style), récu-

1. « Il est perçu *un droit de chargement*, applicable à tout bâtiment à
« l'entrée des ports du continent et des îles adjacentes ». — Ce droit
porte sur les marchandises et les voyageurs débarqués et s'élève à
250 réis (1 fr. 40) pour les premières et 300 réis (1 fr. 68) pour les
seconds, sans pouvoir jamais être inférieur à 5.000 réis (28 fr.) au
total. A l'embarquement, il est de 1000 réis (5 fr. 60) par passager,
et de 5000 réis (28 fr.), pour les marchandises quelle que soit la
quantité embarquée.

2. « L'impôt *de charge et décharge*, et celui *d'embarquement et de
« débarquement des voyageurs* seront exigés des navires dans tous les
« ports y compris ceux des îles Baléares et Canaries et ceux de Ceuta
« et autres ports francs de l'Afrique » (art. 353). — Les articles suivants déterminent plusieurs sortes de navigation à l'exemple de notre
loi du 30 Janvier 1893 et modifient le taux de ces différents impôts
selon qu'il s'agit de voyageurs ou de marchandises, en raison des
provenances et des destinations se rapportant aux catégories de navigation établies (articles 354, 361, 362 et sq.).

3. Un *droit d'ancrage* basé sur le tonnage net des bâtiments est
établi au profit de l'Etat. Il varie entre 1 fr. 40 et 0 fr. 20, selon qu'il
s'agit de navires à vapeur ou à voiles, que ces derniers se livrent à la
navigation dans certaines limites, et que les opérations se rapportent
simultanément ou séparément à des voyageurs et à des marchandises.
Ces tarifs sont valables pour 30 jours, et sont de nouveau perçus si
dans ce laps de temps les opérations ne sont pas terminées. Toutefois des abonnements d'un an sont consentis aux vapeurs payant le
triple des taxes établies.

4. Les tarifs varient de une drachme à 20 leptas suivant la nature
des bâtiments et des opérations auxquelles ils se livrent et en raison aussi du temps de leur séjour dans les ports du royaume ; en
certains cas, les abonnements sont autorisés pour les services régu-
linrs de vapeurs.

pèrent, sous des noms différents, des taxes, qui, basées comme notre droit de quai sur le tonnage des navires, présentent le caractère commun de varier en raison de la quantité de marchandises ou du nombre de voyageurs donnant lieu à des opérations de commerce.

Ces exemples faciles à multiplier en les étendant aux pays hors d'Europe, tendent à démontrer que, d'une manière générale, les Etats n'ont pas renoncé à tirer de la navigation des ressources légitimes. Néanmoins la situation actuelle de notre pavillon impose une réforme urgente de la législation si nous voulons prévenir les conséquences d'une irrémédiable décadence. Nous estimons qu'il conviendrait avant tout de l'exonérer des charges dont il est grevé sans en excepter les droits de quai. Lors de la discussion de la loi de 1897, le rapporteur séparant les intérêts du commerce de ceux de la navigation, reconnaissait lui-même que pour sauvegarder ces derniers il faudrait « avant tout, modifier la « loi du 30 Janvier 1893, changer complètement le « système de primes institué par cette loi, *réformer* « *tout cet arsenal de lois fiscales qui frappe si dure-* « *ment nos navires,* reviser ces lourdes charges de « chancellerie que nos navires paient à nos consuls « toutes les fois qu'ils entrent dans un port étranger, et « dont on promet en vain l'allègement depuis plusieurs « années déjà » (1). Dans cet ordre d'idées, l'opinion

1. « Dans l'espoir que la loi nouvelle (la loi du 23 Décembre 1897) « *n'est qu'un premier pas vers une réforme beaucoup plus radicale du*

des hommes compétents est unanime ; ceux-là même qui pensaient avec M. Guillain que la loi sur les droits de quai aurait pour effet d'attirer à notre armement de nouveaux éléments de fret, et qu'après une période de lutte dans laquelle nos armateurs auraient à déployer toute leur activité, ils pourraient créer les lignes maritimes qui nous manquent, et mettre nos ports en communication plus rapide, plus continue, plus directe, avec les principaux marchés du monde, sont obligés, devant les faits acquis, de convenir aujourd'hui que seules, les nations étrangères ont profité des facilités dont nous espérions que notre pavillon aurait au moins sa part (1). Cette situation inspire les plus vives inquiétudes, car « un pays dont la marine « est anémiée est un pays diminué (2) » et il n'est que temps d'y porter remède. Sans méconnaître l'utilité des propositions tendant à modifier la loi du 30 Janvier 1893, sans discuter l'opportunité de l'établissement projeté de ports francs, solution vers laquelle

---

« *droit de quai*, nous proposerons à la Chambre d'adopter sans chan-
« gement le texte voté par le Sénat. » *Doc. Parl. Rapport du 10 Dé-*
« *cembre 1897, n° 2889.*

1. Le commerce français devient de plus en plus tributaire des marines étrangères. Voici les chiffres *provisoires* de notre mouvement commercial pour l'année 1899 :

$$\text{Entrée :} \begin{cases} \text{Pav. français :} & 4.779.137 \text{ tx.} \\ \text{Pav. étrangers :} & 12.274.506 \end{cases}$$

$$\text{Sortie :} \begin{cases} \text{Pav. français :} & 4.420.135 \text{ tx.} \\ \text{Pav. étrangers :} & 7.652.936 \end{cases}$$

2. Thierry, *Rapport du budget du Commerce et de l'Industrie pour l'exercice 1899*, p. 16.

nous ont inclinés les succès de nos rivaux à Hambourg, à Gênes et à Copenhague (1) nous pensons que le moment est venu où, instruits par l'expérience, les pouvoirs publics doivent s'apercevoir que notre Marine marchande n'a pas tiré de la législation actuelle, le parti qu'on était en droit d'espérer, puisque les facilités données aux escales ont surtout profité aux bâtiments étrangers. Et c'est pourquoi nous estimons qu'il y a lieu de faire disparaître du même coup, la plupart des charges supportées par cette Marine, et d'abroger notamment la législation relative aux droits de quai. Nous ne dissimulons pas que cette solution peut faire naître de graves objections, et nous allons nous efforcer de les prévenir.

L'intérêt budgétaire est d'abord en jeu, et le Gouvernement abandonnerait difficilement les 7 ou 8 millions que lui procure annuellement cette taxe. Cependant il ne semble pas douteux qu'il vaille mieux renoncer à un impôt dont on peut, après tout, assurer le remplacement, que compromettre l'existence de notre Marine marchande dont le sort est si intimement lié non seulement à notre expansion économique, mais à la défense même du pays, ainsi que l'a reconnu le Ministre de la Marine lui-même (2). Les

1. Voir les ouvrages de M. J. Charles Roux, Thierry, Duthoya, Estrine, Mayer, etc.., etc.

2. « La marine militaire et la marine marchande sont dans une mutuelle dépendance ». Amiral Besnard, Séance d'inauguration du Conseil supérieur de la Marine marchande.

partisans du système actuel ne manqueront pas de faire observer, comme le Ministre des Finances l'avait déjà fait remarquer en 1872, que le poids de l'impôt retombe en majeure partie sur les étrangers. Cela est vrai — et il n'y a pas lieu de s'en féliciter — si l'on met en parallèle le pavillon français d'un côté, et de l'autre les opérations effectuées par les marines étrangères dans leur ensemble. Mais si la part de la navigation étrangère représente au total les 2/3 de notre mouvement d'entrée et les 3/5 de la sortie, que revient-il en réalité à chacune des nations prises séparément dans ce chiffre ? En 1898, la part respective de la Hollande et de la Norwège à l'entrée donne seulement 3,1 0/0 du mouvement général ; l'Italie y coopère dans la proportion de 2,7 0/0 ; le Danemark de 1,7 0/0; la Suède de 1,4 0/0 et la Russie de 0,7 0/0 tout au plus. Or, ce sont là précisément les puissances dont nous avons signalé l'augmentation sensible : à la sortie, les chiffres deviennent 4,6 0/0 pour la Hollande, 3,9 0/0 pour l'Espagne et 2,8 0/0 pour l'Italie. Le pavillon allemand, en diminution d'ailleurs sur l'année 1897 ne prend que 5,5 0/0 à la sortie et 4,8 0/0 à l'entrée. En regard de ces chiffres afférents à des marines en progrès, notre pavillon figure pour 28 0/0 à l'importation et 39,6 0/0 à l'exportation. Ainsi, nous supportons en réalité d'un côté le quart, de l'autre, les deux cinquièmes d'une charge dont le poids est insignifiant pour l'une quelconque des nations profitant des faveurs accordées à la navigation d'escale. Pour l'Angleterre sans doute, la taxe est plus lourde que pour nous à l'entrée du moins (47,3 0/0 contre 28 0/0) ; mais si l'on songe à la supériorité en nombre et en tonnage de la marine britannique qui est environ douze fois plus forte que la nôtre, on voit combien la balance penche encore à notre désavantage. Ces considérations nous permettent de ne point faire état de la prétendue égalité de l'impôt ; en fait, il écrase notre Marine alors qu'il est supporté sans difficulté par les étrangers, et c'est précisément une des raisons qui nous déterminent à souhaiter l'abolition des taxes de quai.

Le commerce ne saurait se plaindre de cette abolition. Il serait fastidieux de reprendre ici les arguments qu'il a fait valoir pour obtenir la revision de la loi de 1872 et une plus équitable répartition des charges. Si des divergences se sont produites à ce sujet dans les vœux émis par les Chambres de commerce, il est probable qu'en se plaçant au seul point de vue de la commodité des échanges, l'accord serait unanime. Les navires n'auraient plus de raisons pour déserter nos ports, dans lesquels les opérations commerciales ne feraient naître sinon aucune charge, du moins aucun impôt perçu au profit de l'Etat.

Mais la principale difficulté serait élevée à propos de la défense même des intérêts de la Marine marchande. Il est impossible en effet de ne pas constater que la suppression des droits de quai nous ramène à la légis-

lation de 1866, et il peut sembler étrange de chercher
un remède à la crise actuelle dans l'application d'une
des dispositions qui ont contribué à la faire naître.
Nous avons vu précédemment combien la loi de 1866
fut mal accueillie chez nous, et les dépositions devant
la Commission d'enquête instituée en 1870 nous ont
montré que la suppression des droits de tonnage avait
paru trop brusque même aux hommes que séduisait le
plus la mise en pratique des doctrines libre-échangistes
dans nos relations économiques. Cependant la comparaison de la situation de notre Marine à cette époque
avec ce que nous voyons aujourd'hui, nous permet de
penser que l'argument tiré de la similitude de législation perdrait une grande partie de sa force. La loi de
1866 eut pour effet de livrer notre pavillon sans défense
au choc de la concurrence étrangère et particulièrement de l'Angleterre. Or celle-ci, profitant dans nos
ports des avantages de la franchise, avait eu l'habileté
d'éluder la clause de réciprocité de traitement inscrite
dans le texte légal, en présentant les charges imposées
aux navires français dans les ports d'outre-Manche,
comme des taxes locales, établies par les Compagnies
concessionnaires des ports, sur lesquelles elle se trouvait sans action pour les obliger à annuler leurs tarifs.
Aujourd'hui il n'en serait plus ainsi, et le pavillon
français ne se trouverait pas exposé sans compensations à la concurrence de l'étranger. Le déclin de notre Marine rendu plus sensible encore par la prospé-

rité commerciale de nations dont nous ne pensions guère avoir quelque chose à craindre à la fin de l'Empire, a sollicité l'attention des pouvoirs publics qui ont compris que l'industrie des armements méritait des encouragements et avait droit à la protection au même titre que les autres industries nationales. De là, les lois des 29 Janvier 1881 et du 30 Janvier 1893, attribuant des primes à la construction française et aux bâtiments naviguant dans certaines conditions déterminées, sous pavillon national. Les allocations payées de ce chef ont toujours été croissant, sans que toutefois les résultats obtenus aient répondu aux sacrifices consentis. En 1889, elles atteignent déjà 11.552.965 fr. dont 3.054.640 fr. pour la construction et 8.496.895 fr. pour la navigation. Dix ans plus tard, en 1898, elles se montent au chiffre de 17.098.397 fr. avec une augmentation de 5.545.432 fr. qui ne dépasse pas 1.750.569 fr. pour les primes à la construction (4.805.209 fr.) alors qu'elle s'élève à 3.796.293 fr. pour les primes à la navigation, recevant 12.293.188 fr. Dans l'année en cours, ces chiffres seront certainement dépassés, et les crédits ouverts au budget pour l'exercice 1900 prévoient une augmentation totale de 1.500.000 fr. par rapport à l'année précédente (800.000 fr. à la construction ; 700.000 fr. à la navigation) sans préjudice des crédits supplémentaires auxquels le rapporteur pense déjà qu'il y aura sans doute lieu de recourir (1). Cepen-

1. Thierry, *Op. cit.*, p. 147 à 152.

dant, ces mesures ont été vivement critiquées, sur
tout en ce qui concerne l'amélioration de nos chantiers. Elles ont donné si peu d'essor à la construction
de vapeurs, que nos armateurs ont préféré renoncer à la prime et continuer à s'adresser au marché
anglais, soit en lui achetant de vieux navires, soit en
lui faisant des commandes de bâtiments neufs, en raison de la rapidité de la livraison et des qualités nauti-
ques des instruments de transport fournis. Aussi, par
une étrange anomalie, alors que l'avenir appartient de
plus en plus aux paquebots et aux cargo-boats à
vapeur de gros tonnage et d'outillage perfectionné,
voyons-nous l'activité de nos chantiers se porter tout
entière vers la construction des voiliers (1). De toutes
parts, on s'est élevé contre la législation du 30 Janvier
1893, et le 14 Novembre dernier, une proposition de loi
nouvelle émanant de l'initiative gouvernementale et
élaborée par la Commission extraparlementaire de la
Marine marchande, a été déposée sur le bureau de la
Chambre. Si elle est adoptée, le système actuel fera

1. Le tonnage net de nos navires à voiles de plus de 100 tonneaux,
a augmenté de 5,4 o/o dans les cinq dernières années. A la fin de
1893, il représentait 196.224 tonneaux et 206.998 en 1898. Dans le
même laps de temps, l'Angleterre et l'Allemagne diminuaient de
23 o/o le tonnage de leur marine voilière. En revanche, le tonnage
des vapeurs augmentait de 200 o/o au Japon, de 66 o/o en Norwège, de 47 o/o en Allemagne et en Suède, de 38 o/o en Italie et de
17 o/o en Angleterre, alors que chez nous, il croissait de 7,3 o/o
seulement, en passant de 907.029 tonneaux à 973.960 tonneaux.

place à un régime fondé sur la compensation par jour
d'armement, représentant la subsistance des marins
mis à bord par l'Inscription Maritime et assurée pour
une durée de vingt ans, et à une prime à la navigation
payable pendant quinze ans, calculée sur la distance
parcourue.

Quoi qu'il en soit, sans nous appesantir davantage
sur les griefs formulés contre la législation actuelle et
sur les dispositions de celle destinée à la remplacer,
nous voyons plus de 16 millions figurer au prochain
budget à titre d'encouragements à notre seule navigation de concurrence, sans compter les subventions
accordées aux compagnies assurant les transports postaux par des services réguliers. Dans ces conditions,
on ne saurait vraiment comparer la situation actuelle
de notre Marine avec celle dans laquelle elle se trouvait quand la loi de 1866 est venue la surprendre.

Mais pour donner à ces mesures protectrices toute
leur efficacité, nous pensons qu'il conviendrait en première ligne d'exonérer nos bâtiments de toutes les
entraves, de tous les droits dont on les a surchargés.
Ces taxes multiples que nous avons eu déjà l'occasion
de signaler, taxes sanitaires, *droits de quai*, droits de
chancellerie et autres, plus élevées chez nous que dans
la plupart des pays, font retour à l'Etat, qui reçoit ainsi
d'un côté une large part de ce qu'il abandonne de l'autre sous forme de primes. Tout le monde est d'accord
pour les trouver exagérées, pour reconnaître qu'elles

oppriment notre navigation, mais personne ne prend l'initiative d'en demander la suppression parce que leur produit est nécessaire pour assurer l'équilibre du budget. Nous n'avons point à nous inquiéter de cette considération dans une étude où nous nous sommes exclusivement occupés de nos intérêts maritimes. La seule difficulté sérieuse que présenterait l'abolition des droits de quai proviendrait comme en 1866, de l'embarras où se trouverait le Gouvernement pour assurer l'application d'un régime équivalent à nos navires dans les ports étrangers. Mais, instruit par l'expérience, il y pourvoierait en veillant à la stricte exécution des traités de navigation, et en n'hésitant pas à dénoncer ceux d'entre eux conclus avec des puissances se refusant à remplir leurs obligations. L'intérêt même des nations étrangères en garantirait l'exacte observation, car cette mesure n'aurait pas pour résultat de fermer notre littoral à nos concurrents, et comme ils envoient plus de navires dans nos ports qu'ils ne reçoivent chez eux des nôtres, ils auraient tout avantage à ne pas voir se restreindre pour eux notre marché national.

La suppression du droit de quai n'apporterait pas certes, un changement immédiat et radical à la situation de la Marine marchande ; l'expérience seule en pourrait faire connaître l'heureux résultat. Comme ce droit n'est point la cause unique de notre déchéance maritime, son abolition ne saurait devenir le seul principe d'une prospérité nouvelle. Mais nous voudrions que l'armement français vît dans son abolition le gage d'une sollicitude bien entendue, et que, dégagé en premier lieu, des entraves fiscales dont il est si lourdement chargé, il cherchat par son activité *propre* à regagner la place qu'il abandonne de plus en plus aux nations étrangères, et qu'il demandat moins aux subsides de l'Etat qu'à lui-même, le moyen de demeurer l'agent indispensable de notre expansion économique et le garant de la richesse et de la sécurité de la France.

Vu : le Président de la thèse,

H. BERTHÉLEMY.

Vu par le Doyen,

GLASSON.

Vu et permis d'imprimer :

Le Vice-Recteur de l'Académie de Paris,

GRÉARD

TABLE DES MATIÈRES

Laval. — Imprimerie parisienne, L. BARNÉOUD et Cie.